W0390982

SEUL COMME CHIRAC

DES MÊMES AUTEURS

CHIRAC PRÉSIDENT, LES COULISSES D'UNE VICTOIRE, Le Rocher/DBW, 1995.

RAPHAËLLE BACQUÉ
DENIS SAVEROT

SEUL COMME CHIRAC

BERNARD GRASSET
PARIS

Tous droits de traduction, de reproduction et d'adaptation
réservés pour tous pays.

© *Éditions Grasset & Fasquelle, 1997.*

A nous tous qui, en votant,
faisons et défaisons les présidents...

1

Les vieux démons

« Ils disent que tu nous mènes toujours à l'échec, Jacques. Ils croient que tu portes malheur. » Chirac voulait savoir ce que l'on murmure, au sein de la droite, en cet été 1997. Eh bien voilà, Alain Madelin vient de le lui lancer en plein visage. Il est président, il a 64 ans et il « porte malheur »...

Déjà, en 1988, en perdant face à François Mitterrand, il a ressenti les effets du terrible syndrome : la responsabilité du chef au lendemain d'une bataille meurtrière. Mais il pensait en avoir fini avec ces vieux démons. L'Elysée ne rend-il pas invulnérable ?

Quelle blague ! Il a suffi de manquer la manœuvre de la dissolution, de perdre les élections législatives pour voir revenir la même culpabilité qu'il y a neuf ans, lorsqu'il ressassait en pensée : « Je les ai entraînés vers la défaite... Je les ai entraînés vers la défaite. »

Le voilà rattrapé par son passé. Depuis la débâcle électorale, toutes les rengaines servies alors qu'il était encore hussard, premier ministre, chef de parti, sont ressorties, comme les crapauds après la pluie. « Il est sous l'influence de son entourage», «il fera toujours perdre son camp», «décidément, ce pauvre Jacques n'est pas un homme d'Etat».

Il devrait en avoir l'habitude. Ses prédécesseurs l'ont presque toujours jugé sévèrement. François Mitterrand doutait qu'il soit au niveau. Valéry Giscard d'Estaing qu'il puisse aller au bout de son mandat. Même Edgar Faure, qui l'aimait pourtant bien, affirma un jour de sa voix zézayante : «Penser, pour lui, c'est d'abord penser à ce que pensent les autres...»

Lionel Jospin non plus n'est pas tendre avec Chirac. Depuis vingt ans, il n'a toujours vu que ses faiblesses. Pour lui, une cohabitation, même de combat, suppose que les deux parties adoptent une conduite rationnelle. «Mais le problème, avec Chirac, croit Jospin, c'est que l'on peut toujours craindre un clash accidentel.» Depuis qu'ils se font face, au Conseil des ministres, chacun a l'impression palpable qu'ils vivent dans deux mondes différents.

Face à cette défiance, Chirac a d'abord joué de la seule qualité qu'on lui reconnaisse unanimement : sa chaleur humaine. Mais la vérité, c'est qu'il est seul. Cela le rend parfois philosophe. Désormais, lorsqu'il reçoit un député battu, dans ce palais un peu vide, il explique en soupirant : «Tu as pris une claque, mais c'est formateur. J'en sais quelque chose... La vie politique n'est pas une suite de succès, mais une suite de réflexions sur la vie et sur soi-même.»

Tout de même, s'il regarde derrière lui, le spectacle est angoissant. La conquête de l'Elysée a éloigné bon nombre de ses amis. Pasqua l'a quitté, Balladur l'a trahi. La défaite des législatives a achevé de laisser sur le côté plusieurs de ses compagnons. Et les rescapés ne sont plus très gaillards. Pire, désormais, la droite l'affuble du titre, infamant à ses yeux, de « président qui ramena la gauche au pouvoir ».

Lorsqu'il a voulu faire l'addition, après la défaite, de ce qui lui reste d'amis, il n'a trouvé qu'une compagnie bien mince : son épouse Bernadette, sa fille Claude, quelques vieux fidèles. Même le RPR ne lui est plus acquis. Cela ne veut pas dire qu'il ne puisse, à l'issue de quelques tours habiles, retrouver soudain tous ses soutiens. Mais cela signifie simplement que la situation politique est devenue périlleuse.

Et puis, il y a ces satanés doutes sur sa personnalité. Par le passé, on l'a toujours présenté comme un homme dépendant des autres. Dépendant de ses gourous, Marie-France Garaud et Pierre Juillet, puis tombé sous la férule de son ministre d'Etat, ministre de l'Economie et des Privatisations, Edouard Balladur. Ensuite, la politique se nourrissant volontiers d'une psychanalyse de bazar, on lui a prêté des fils potentiels qu'il n'était pas toujours censé dominer.

Il y a d'abord eu Jacques Toubon, un déroutant chouchou, apprécié pour ses défauts autant que pour ses qualités. Celui-ci n'a jamais été un rival. « Il sauterait par la fenêtre si je le lui demandais », assure Chirac. Avoir ce type-là à ses côtés représente un confort psychologique absolu. Tombé au champ d'honneur électoral lors des législatives, Toubon n'aura pas la meilleure part de l'héritage, mais il est déjà certain de garder la plus affectueuse.

La part la plus excitante aurait dû revenir à Nicolas Sarkozy. Pour le coup, celui-ci avait l'âge pour le rôle.

Aux yeux de tous, il était le plus énergique, le plus amusant, le plus talentueux, le plus cynique de la fratrie RPR. Le plus ressemblant au père, donc. Regarder Nicolas, c'était voir Jacques en plus jeune. Vingt-trois ans les séparent, mais dans leurs yeux, le même appétit de pouvoir. Entre eux, il y eut une grande intimité. Il y eut aussi une trahison. Nicolas a donc été renié.

Et remplacé par Alain Juppé. Ah, Juppé ! L'avoir perdu, voilà qui complique considérablement les choses. Juppé formait avec Chirac un tandem parfait. A leurs yeux, du moins. Juppé lui devait une bonne partie de sa carrière. Chirac n'avait confiance qu'en Juppé.

Leur relation s'est tissée sur vingt ans, soudée par les défaites et les victoires. Par les douleurs familiales, aussi. La fille aînée des Chirac est malade depuis quinze ans. Depuis quinze ans, elle fait l'objet de toutes les rumeurs dont la plus terrible, celle de sa mort, valut à ses parents épouvantés de recevoir des milliers de messages de condoléances. Depuis quinze ans, ce malheur-là est la croix des Chirac.

Aussi, lorsque la cadette des enfants Juppé est atteinte du même mal, Chirac est-il intervenu aussitôt. Avec délicatesse et constance. La jeune fille a passé le cap difficile. Une alliance se construit aussi sur ces choses-là.

Seulement voilà ! De Toubon, Sarkozy, Juppé, qui reste-t-il ? Le premier se tient à ses côtés, mais il est affaibli. Le deuxième est encore interdit d'Elysée. Le troisième a été sacrifié sur l'autel de l'impopularité et de la défaite.

Qui reste-t-il donc ? Philippe Séguin. Celui-là est un véritable orphelin : il a perdu son père à la guerre. Il est aussi le seul à n'avoir jamais voulu de la paternité chiraquienne. Séguin voulait un substitut qui ait de la grandeur. Une statue du commandeur rappelant constamment la limite entre le ciel et l'enfer. Chirac ? « Il n'a jamais été au niveau de l'aspiration filiale de Philippe », reconnaissent ses amis. Non, le seul père que Séguin ait jamais accepté, c'est de Gaulle. C'est pourtant avec « Philippe » que Chirac va devoir composer…

La solitude peut être une force autant qu'une fragilité. Pour Chirac, elle est surtout une donnée nouvelle dont il avait oublié l'éventualité. N'avait-il pas, pour la première fois, tous les pouvoirs dans sa main ? C'était un jour de victoire, en 1995. Et c'est là que commence notre histoire…

2

« Je me sens dépositaire d'une espérance... »

Le rideau se lève sur un matin de printemps, le 17 mai 1995.

« Je me sens dépositaire d'une espérance... » Depuis dix jours qu'il est élu, Jacques Chirac répète pour lui-même ces quelques mots qui doivent résumer son destin. Dans quelques heures, il prendra officiellement ses fonctions de chef de l'Etat. Dans quelques heures, il prononcera solennellement son premier discours de président et cette phrase qu'il redit à l'infini, entre ses dents : « Je mc sens dépositaire d'une espérance... » Trente ans de vie politique, trente ans de compromis, de trahisons, de victoires et de défaites l'ont amené à ce jour-là. Il imaginait la fin de sa conquête comme un couronnement. Le voilà sous le poids d'une charge immense et invisible : dépositaire d'une espérance.

Pour dire vrai, Chirac n'a guère eu le temps de méditer sa victoire. Mais il sait déjà que, dans tout le pays, on l'attend. Les rares fois où il est sorti dans Paris depuis son élection, il n'a entendu que des appels frémissants. Lorsqu'il s'est rendu rue Jacob au domicile de Michel Debré malade, un petit groupe de badauds l'attendait déjà. Chirac a serré quelques mains, rendu quelques baisers et aussitôt, les passants se sont mis à scander : « De l'espoir ! de l'espoir ! » Le samedi suivant, dans les tribunes du Parc des Princes, où il suivait la finale de la Coupe de France de football, deux jeunes gens peinturlurés ont brandi une pancarte : « Chirac, fais-nous rêver ! » Derrière l'Hôtel de Ville, où il a encore son quartier général, sur le mur qui fait face au porche, une main anonyme a écrit : « Du travail, pas des pommes. » Jacques Chirac répète donc son discours comme un comédien un grand texte : « Je me sens dépositaire d'une espérance... »

« On est venu me chercher comme une mariée »

Une dame élégante et discrète, membre du service du protocole de l'Elysée, est passée à 10 h 30 prendre Bernadette Chirac à l'Hôtel de Ville. « On est venu me chercher comme une mariée », sourit Bernadette en évoquant ce moment magique. Une mariée ? Oui, c'est encore le mot qu'elle emploie le plus volontiers pour marquer cette scène, elle dont le mariage, près de quarante ans plus tôt, a été mené tambour battant. Jacques, en jeune homme, lui faisait à l'époque l'effet d'un ouragan. Il est passé en coup de vent épouser Mlle Chodron de Courcel avant de repartir faire la guerre en Algérie. Depuis, elle n'a jamais cessé de jouer sa partenaire.

Qu'on ne s'égare pas, Bernadette n'est pas un personnage secondaire. Elle a tout vu et partagé beaucoup. Le pire, le plus souvent, et un peu du meilleur. Elle sait ce qui peut rester d'une vie de famille lorsqu'on vous ponctue vos soirées de réunions politiques. Elle sait le besoin irrépressible qu'ont les hommes de pouvoir de vérifier dans les yeux des femmes la puissance de leur séduction ou la séduction de leur puissance. Elle connaît la détresse des défaites et l'âpreté des victoires. On la prend à tort pour une épouse soumise, austère, un peu dame patronnesse. Mais les adversaires de son mari savent qu'elle peut devenir leur pire ennemi.

Dans la scène qui nous occupe, elle observe. Les mois précédents, elle a vu les amis se défausser un à un au rythme des mauvais sondages. Maintenant que la situation s'est retournée, elle s'occupe de faire le tri. Jacques, si elle le laissait faire, oublierait tout. Déjà, depuis dix jours qu'il est élu, il embrasse dans un même élan les fidèles et ceux qui l'ont enterré au bout de trois mois, dès que l'« ami de trente ans », cet Edouard Balladur si convenable, s'est mis dans la tête de devenir lui aussi président. Bernadette, elle, n'est pas adepte de l'oubli à tout crin. Aux plus lâches, elle assène avec ironie un « tiens, vous revoilà vous ? » qui laisse pantelant. Avec les autres, c'est selon. Elle a déjà un joli palmarès d'anciens supporters de Balladur venus, pour finir, « féliciter Jacques » et qu'elle a plantés là en refusant de leur serrer la main. On peut prôner la charité chrétienne et ne pas pratiquer facilement le pardon du prochain.

Pour l'heure, en ce 17 mai, Bernadette observe, légèrement en retrait. En arrivant à l'Elysée, elle a seulement embrassé le tableau en un coup d'œil. Le tapis est déployé dans la cour du Palais, dix gardes de la cavalerie en tenue d'apparat se portent de part et d'autre du perron. François Mitterrand attend son successeur sur le seuil. Il y a du rouge, du bleu et ce vieil homme malade qui serre l'autre main qui se tend.

Depuis dix jours qu'il est élu, Jacques Chirac a pris soin de ménager son prédécesseur. « Pas question d'avoir l'air d'être sur les dents », a-t-il donné comme consigne à ses proches. « Nous avons le temps. Nous avons sept ans. Laissons-le donc partir tranquillement. »

Tous les atouts dans la main de Villepin

Pour cette première scène, un autre homme, Alain Juppé, s'est discrètement effacé. Non pas qu'il préfère l'ombre à la lumière, au contraire. Mais il n'a déjà rien à revendiquer. Depuis quelques mois, il sait que Jacques Chirac le nommera premier ministre ce soir même. Il n'est donc pas pressé de se montrer au premier plan. Ce qui compte pour Juppé, ce ne sont pas forcément les honneurs. C'est la réalité du pouvoir. Aussi a-t-il délégué pour le représenter son homme lige, Dominique de Villepin.

Celui-là est plus qu'un second rôle. Totalement inconnu jusque-là, mais déjà au cœur du pouvoir qui se met en place. Tous les atouts sont dans sa main. A 41 ans, il est un supporter de Chirac et un ami de Juppé. Enarque fasciné par la stratégie militaire, il a animé l'équipe de campagne de l'un et dirigé le cabinet de l'autre, au quai d'Orsay. Juppé peut bien être ailleurs, il considère Villepin comme un prolongement de lui-même.

De fait, ce 17 mai, Villepin dirige déjà la manœuvre. C'est lui qui a présenté à Chirac les détails de la cérémonie de passation de pouvoirs. Lui qui a veillé sur la mise au point du discours. Lui encore qui a accompagné le nouveau président, un pas en retrait, jusqu'au perron de l'Elysée. Poète à ses heures, ambitieux le reste du temps, il a consacré son énergie à se rendre indispensable. On se l'arrache. Quelques jours avant le 7 mai, Alain Juppé disait en souriant à moitié : « Si Chirac me prend Villepin, ce sera notre premier clash. » Mais c'est justement lui que le nouveau président a choisi pour diriger le secrétariat général de l'Elysée. « C'est parce que c'est votre homme et que je le prends à l'Elysée qu'il n'y aura pas de problème entre nous », a argumenté Chirac. Et Juppé, finalement satisfait de savoir cet allié si bien installé, a refoulé ses craintes.

Ce 17 mai 1995, le public remarque à peine sa haute silhouette, dans le sillage du président. Mais tous ceux qui cherchent à s'approcher du pouvoir se sont déjà heurtés à lui.

« Pas de faux conflits avec Matignon »

Dominique de Villepin a reçu pour mission de constituer l'équipe élyséenne. Et il s'est acquitté de cette tâche avec... comment dire... autorité. Des anciens collaborateurs de Jacques Chirac, seuls quatre ont été à nouveau mobilisés : Maurice Ulrich, vieil ami de toujours, Christine Albanel qui écrit les discours, Jean-Pierre Denis qui suit l'économie et Annie Lhéritier, corrézienne et organisatrice hors pair. Ces quatre-là,

Chirac les avaient d'emblée placés sur sa liste. Villepin s'est donc plié à la volonté du président qui souhaitait les garder.

Pour le reste, le secrétaire général a recruté parmi les réseaux… d'Alain Juppé. Chirac, qui délègue volontiers ce genre de charges, a tout approuvé. Même le choix de son porte-parole, Catherine Colonna. Une heure plus tôt, il n'avait jamais bavardé avec cette ancienne des Affaires étrangères. Qu'importe ! Chirac ne mégote jamais sa confiance. Que la jeune femme ne connaisse pas le président ne l'empêchera pas de représenter la fonction. Quant à Frédéric de Saint-Sernin, cousin germain de Villepin et compagnon de Juppé, il est entendu qu'il suivra les sondages et les études pour le compte de l'Elysée.

Tout a été mené au pas de charge. La veille de la passation de pouvoirs, le nouveau secrétaire général a réuni la plupart de ses nouveaux collaborateurs au quai d'Orsay, où il se trouvait encore. « Voilà, a-t-il commencé, nous allons travailler ensemble autour du président. » Puis il a exposé la méthode de travail désormais en vigueur, basée sur une discipline de fer. « Nous savons tous que les circonstances, les autres conseillers, les journalistes, nous pousseront sans cesse dans une fausse compétition avec Matignon, a poursuivi Villepin. Je vous demande donc de ne jamais interférer dans les affaires qui concernent les compétences du premier ministre. Ne vous exprimez en aucune façon à l'extérieur de telle sorte que l'on puisse dire ensuite "l'Elysée pense que…" Soyez discrets et, encore une fois, ne créez pas de faux conflits avec Matignon. » Puis le nouveau secrétaire général de l'Elysée, qui peut être menaçant lorsqu'il le veut, a affirmé son intransigeance : « Vous serez les conseillers du président et un conseiller, eh bien, ça va et ça vient. » Autrement dit, cela se renvoie au premier faux pas.

« Jacques, tu ne peux pas être conseillé par ta fille »

Dans cette mise en scène si bien réglée, seule Claude Chirac a pu faire entendre sa voix. Qui oserait s'opposer à un avis de la fille du président ? Depuis cinq ans qu'elle travaille pour son père, elle est devenue indéboulonnable à son poste. Les naïfs l'ont prise au départ pour une jeune fille toute simple, un peu amoureuse de « papa » mais prête à s'en émanciper. Une version piochée dans le bazar de la psychologie. Mais Jacques et Claude, c'est autre chose. Elle est son rempart. Elle façonne son image. Il portait des lunettes digne d'un membre du Politburo soviétique, s'habillait à la va-vite. Elle l'a transformé en un Cary Grant à la française, portant des costumes amples, coupés à l'américaine et souriant doucement sur les photos. Il y a encore trois ans, certains collaborateurs la contestaient, assuraient tout haut : « Jacques, tu ne peux pas être conseillé par ta fille. » Ceux-là ont dû partir. Et Chirac a clairement édicté la règle pour ceux qui restent : « La présence de Claude à mes côtés n'est pas négociable. »

Dans la hiérarchie des rôles, on placera donc Claude aux côtés de Bernadette. Ce sont les deux femmes du président et s'il n'y avait entre elles les liens indissolubles de la famille, gageons qu'elles seraient rivales. Claude ne se prive pas de rabrouer sa mère. Bernadette s'exaspère que Claude « veuille toujours la cacher ». Elle aussi aurait préféré que sa fille parte aux Etats-Unis faire sa vie ailleurs. Mais personne ne résiste à Claude, pas même sa mère. Bernadette sait que son mari ne peut se passer de cette réassurance contre le doute, l'angoisse. Elle ferme donc les yeux. Terrifiée, tout de même, de voir cette politique qu'elle déteste lui prendre tout, mari et enfants.

Un gourou nommé Pilhan

Face à Claude, même l'ambitieux Villepin a donc dû en rabattre. Il se passionne pour la communication et les médias. Mais ce domaine-là est celui de la fille du président. Claude a gardé la haute main pour constituer l'équipe qui se chargera de l'image de son père et de ses relations avec la presse. Pire, aux yeux de Villepin, elle a ouvert discrètement la porte au seul conseiller qui n'appartienne pas au cercle chiraco-juppéiste. Et pour cause, puisqu'il vient de la gauche : Jacques Pilhan.

Ce 17 mai, dans la salle des fêtes de l'Elysée, alors que les invités de la République attendent la passation de pouvoirs, rares sont ceux qui remarquent le petit homme engagé dans une conversation animée avec Claude Chirac et le publicitaire Jean-Michel Goudard. Tout au fond des salons, un orchestre de chambre joue doucement. Juchés sur un déambulatoire à quelques mètres du sol, les photographes ont le nez dans les lustres. A demi cachés derrière un pilier, Claude Chirac, Goudard et Pilhan, eux, règlent les détails de leur future collaboration.

Pilhan devrait être un ennemi. Ancien maoïste converti dans la publicité, il a forgé l'image de François Mitterrand depuis 1983. Mais c'est justement ce qui fascine Claude. On ne peut pas voir son père batailler pendant trente ans sans s'intéresser à ses adversaires. Mitterrand a été la bête noire de toute la famille. Mais comme parfois dans les tragédies, chacun a fini par succomber à sa séduction. Au fond, Claude voudrait voir son père tenir aussi solidement le pouvoir que son prédécesseur.

Même au lendemain de « leur » échec à la présidentielle de 1988, les Chirac sont restés attirés par ce Mitterrand si aimé des Français qu'il parvint à être réélu. En 1989, Chirac, pragmatique, s'est alors résigné à lui demander ses recettes. Jean-Michel Goudard, qui venait d'être choisi pour reprendre la communication chiraquienne, a présenté Pilhan. On s'est vu, on s'est parlé. Et Pilhan a conservé des relations amicales... avec Claude. Bien conscient qu'il tiendrait là le meilleur moyen d'accéder plus tard au père, si celui-ci venait à conquérir le pouvoir.

Ce 17 mai 1995, alors que l'ancien et le nouveau président se sont enfermés pour se transmettre les secrets de l'Etat, le gourou de Mitterrand s'apprête à poursuivre son action auprès de son successeur. Depuis quelques mois, déjà, il tourne autour du cercle chiraquien. Jacques Séguéla qui connaît le bonhomme affirme que c'est en décembre 1994, à un moment où Jacques Chirac était au plus bas dans les sondages et son entourage démoralisé, que Goudard, en désespoir de cause, a demandé à Pilhan son assistance. Charles Millon, qui le côtoie depuis 1984, se souvient d'un dîner cet hiver-là au cours duquel Jacques Pilhan ne faisait déjà plus mystère de sa préférence. Il jugeait Edouard Balladur et Lionel Jospin « insuffisants », mais Jacques Chirac « prometteur »...

Pendant les derniers mois de la campagne, Pilhan a donc discrètement donné quelques conseils et passé des messages à l'équipe Chirac par l'intermédiaire de Jean-Michel Goudard. Jacques Toubon et Jean-Louis Debré croient tous deux se souvenir de l'avoir croisé à l'Hôtel de Ville. Dans l'architecture élaborée par Villepin, Pilhan est le seul électron libre du système. Le seul à ne devoir son arrivée qu'à Chirac. Le seul aussi à ne pas se préoccuper du sort d'Alain Juppé.

Jour cruel pour Edouard Balladur

Dans la salle des fêtes de l'Elysée, voici venu le moment. « En ce jour où je prends la responsabilité d'assumer la plus haute charge de l'Etat, je me sens dépositaire d'une espérance...

« L'élection présidentielle n'a pas vu la victoire d'une France contre une autre, d'une idéologie contre une autre. Elle a vu la victoire d'une France qui veut se donner les moyens d'entrer forte et unie dans le troisième millénaire. Le 7 mai, le peuple français a exprimé sa volonté de changement. Je suis décidé à placer le septennat qui commence sous le signe de la dignité, de la simplicité, de la fidélité aux valeurs essentielles de notre République. Je n'aurai d'autre ambition que de rendre les Français plus unis, plus égaux et la France plus allante, forte de son histoire comme de ses atouts. »

A quelques pas de ce président qui lit, Edouard Balladur garde un regard absent. Toute cette histoire pour en arriver là ! Toutes ces années à conseiller un autre, ces années à se convaincre que l'on ferait sans doute aussi bien que ce « politicien professionnel », à noter les insuffisances et les faiblesses. Tout ce temps à imaginer sa propre ascension, à tenir sous son charme l'opinion et à rallier en masse des députés qui auparavant vous détestaient. Tout cela pour quoi ? Pour vous entendre dire que la France n'élira jamais un homme qui a la tête d'un notaire. Et voir l'autre, le méprisé, se redresser sur ses jambes et l'emporter sur le fil.

Démissionnaire au soir du second tour, le premier ministre continue d'expédier les affaires courantes. Et cela fait dix jours qu'il est à la torture. Passe encore d'être battu, mais subir ainsi chaque manifestation officielle de la victoire de son rival est d'une immense cruauté.

« Ces périodes-là n'ont rien d'amusant, n'est-ce pas ? » a-t-il seulement glissé à quelques proches qui déjeunaient avec lui, une semaine auparavant. Il y avait là son directeur de cabinet Nicolas Bazire, Nicolas Sarkozy, son ministre du travail Michel Giraud, celui de l'Enseignement supérieur François Fillon, et celui de l'Environnement Michel Barnier, tous réunis par les bons soins de Charles Pasqua au ministère de l'Intérieur. Pasqua avait fait servir d'extraordinaires charcuteries corses et la table était appétissante. Combatif, Nicolas Sarkozy a plaidé pour la création d'un nouveau parti balladurien. Un nouveau parti ? La fin du RPR ? Charles Pasqua, François Fillon et Dominique Perben ont prononcé le mot de « fraction ». Balladur a pris peur. Et plus personne n'en a reparlé.

Autant dire que ce 17 mai, Edouard Balladur affiche une mine franchement déprimée, à trois pas de son rival qui discourt. « Je me sens dépositaire d'une espérance... » Une semaine avant le second tour, il a prévenu Chirac qu'il voyait enfin en tête-à-tête, lors du dernier grand meeting de la campagne à Bagatelle : « C'est parce que je vous connais que je vous préviens : ne touchez pas à un cheveu de mes fidèles. » Mais il sait déjà que ceux qui l'ont soutenu avec le plus de conviction sont désormais écartés du pouvoir.

Balladur sait-il cependant que ses adversaires se déchaînent contre lui depuis dix jours ? Ce n'est pas seulement Bernadette Chirac, qui lui a très froidement tendu la main, tout à l'heure, dans la salle des fêtes de l'Elysée. Ce sont également tous ces vieux chiraquiens qu'il exècre et tous ceux aussi qui furent autrefois ses amis, lorsqu'il était le conseiller le plus écouté de celui qui lit ses feuillets, quelques pas devant lui.

Dans les jours qui ont suivi la présidentielle, la rumeur a couru que les amis de Balladur — et Edouard lui-même — pourraient se voir offrir quelques compensations, comme gage du rassemblement de la majorité. On imaginait l'ancien premier ministre... à la mairie de Paris ! A la vérité Edouard Balladur s'y serait bien vu aussi. Mais la levée de boucliers a été immédiate. Pêle-mêle, les chiraquiens, les élus parisiens, deux ou trois écrivains et un industriel RPR sont donc venus mettre en garde le nouveau chef de l'Etat. « Qui a trahi une fois, trahira encore », a dit nettement le patron de la Lyonnaise des eaux Jérôme Monod à Chirac. Etait-ce bien utile de le souligner ainsi ? Jacques n'a de toute façon rien promis ni rien laissé espérer à Edouard.

Ah ! Balladur, décidément, a bien des raisons de se sentir ainsi affligé dans cette maudite salle des fêtes.

Il est d'ailleurs dit que Jacques Chirac ne lui épargnera rien. Car si le président n'est pas toujours à l'aise dans les discours solennels, il se rattrape en revanche par son sens du contact. Son texte dit, le voilà donc qui se lance, aux abords de buffets somptueux, dans une série de poignées de main et de baisers à tous ceux qui sont venus le féliciter en ce grand jour : « Ah, tu es là, toi ! C'est un jour extraordinaire, hein ! » Derrière, Edouard Balladur suit poliment. Dans un style différent. « Bonjour madame, bonjour monsieur... »

« Formidable, il n'y a pas de premier ministre ! »

Suzanne et René Monory, Béatrice et Philippe Séguin ont rejoint Bernadette et Jacques Chirac pour le déjeuner. Ils ont suivi eux aussi le marathon protocolaire de l'investiture présidentielle, dans la salle des fêtes de l'Elysée. Bernadette est radieuse, Jacques transporté. Euphorique, il a entrepris d'expliquer au majordome qu'il ne boit jamais que de la bière, « de la Corona ». Il trouve la table jolie. Tout lui plaît. Une joie d'enfant qui obtient enfin, après trente ans, un jouet auquel il a consacré sa vie.

« C'est formidable, on est sans premier ministre aujourd'hui ! » a lancé le président en se frottant les mains. Et même Philippe Séguin a ri. Depuis le matin, le président de l'Assemblée nationale suit, la mine pénétrée et parfois sombre, les cérémonies élyséennes. Il y a quelques semaines, il avait joliment glissé : « J'espère avoir l'honneur, dès le 7 mai, de pouvoir lui dire vous. » Il s'essaie donc au vouvoiement en s'asseyant à table. Mais le nouveau président l'arrête d'un geste : « On ne va pas commencer à mettre les chapeaux à plumes ! » Monory, lui, en reste à ses habitudes. « Chirac m'a plusieurs fois demandé de le tutoyer, explique le président du Sénat, mais je n'ai jamais pu. »

C'est un déjeuner chaleureux et détendu après la tension du matin. « J'en garde un merveilleux souvenir », dit aujourd'hui Bernadette Chirac. Les hommes qui se font face n'ont pourtant rien à découvrir les uns des autres. Mais ils ont décidé de vivre le bonheur de l'instant ensemble.

Les exaspérations de Séguin

Séguin pourtant, a quelques raisons de manifester sa mauvaise humeur et il ne s'en est pas privé ces derniers jours. Dès le soir du premier tour, il a su que ses chances d'être premier ministre s'effondraient. La très faible avance, tout juste deux points, de Jacques Chirac sur Edouard Balladur montrait bien assez que les Français ne sont pas prêts à tenter le changement radical que Séguin a appelé « l'autre politique ». Il s'est donc résigné à ce que son rival de toujours, Alain Juppé, hérite de Matignon. Mais il garde amèrement l'idée qu'on lui a volé sa victoire. Nommer Juppé à Matignon, n'est-ce pas finalement trouver à bon compte un remplaçant... à Balladur ? N'est-ce pas renoncer déjà à la fracture sociale pour revenir à la pensée unique ? Au fond, Séguin distingue déjà ce que cet abandon des promesses peut avoir de dangereux. A ceux qui l'interrogent, cependant, il répond par un sourire accablé : « Ce ne sera pas une partie de plaisir. »

Pourtant, ce qui l'exaspère depuis une semaine qu'il bataille, c'est que « l'autre », Alain Juppé, a toutes les chances de rafler aussi la présidence du RPR. Chirac, pour l'amadouer, a bien tenté de lui proposer quelques compensations. Quelques jours avant la présidentielle, il lui a même offert la mairie de Paris, décidément objet de toutes les convoitises. Mais Philippe Séguin a refusé tout net. « Qu'on veuille me donner la mairie est une insulte doublée d'une bêtise. C'est le RPR que je veux. » De son côté, Alain Juppé a fait le même calcul. « Je n'accepterai Matignon que si j'ai également le mouvement », a-t-il fait savoir. Car qui tiendra le RPR aura les meilleures chances de l'emporter lors de la prochaine présidentielle. La victoire de Jacques Chirac sur Edouard Balladur n'en est-elle pas l'éclatante illustration ? Chirac à peine élu, c'est bien à cela que pensent Séguin et Juppé : à 2002...

Philippe Séguin se sent donc floué, depuis quelques jours. « Chirac n'a pas mis deux semaines à oublier ses promesses », a-t-il grogné devant des journalistes au lendemain de la présidentielle. Oublier ses promesses ? Séguin fait preuve de mauvaise foi. Car Jacques Chirac lui a fait une énorme concession : il a décidé de ne pas dissoudre l'Assemblée.

Séguin a prévenu qu'il en ferait un cas de rupture. Bien sûr, « Philippe » ne craint en aucune façon de ne pas retrouver son perchoir. Dans la foulée de la présidentielle, des législatives ramèneraient à coup sûr à l'Assemblée une majorité de droite dominée par le RPR. Et qui d'autre que Philippe Séguin peut prétendre à cette fonction alors même qu'il a rendu tout son lustre au Parlement ? Mais Séguin sait bien que c'est Juppé qui, en tant que premier ministre, mènera la bataille électorale. Passe encore de le voir à Matignon et à la tête du RPR. S'il faut en plus l'installer comme chef légitime de la majorité…

« Jacques, il faut dissoudre »

Chirac a donc respecté sa parole et renoncé à dissoudre. Ce ne sont pourtant pas les conseils inverses qui ont manqué. Dès le mardi qui a suivi son élection, le député gaulliste de Haute-Savoie Pierre Mazeaud s'est rendu à l'Hôtel de Ville pour convaincre son vieux compagnon des années Pompidou de provoquer de nouvelles élections législatives. Robert Pandraud, ancien ministre de Jacques Chirac entre 1986 et 1988, qui patientait dans une pièce à côté, s'est associé à la conversation. Très remonté, Mazeaud a insisté d'emblée :

— Jacques, il faut dissoudre.

— Non, Pierre. Je me suis engagé à ne pas le faire devant le pays. Et puis cela poserait un problème avec Séguin qui veut redonner du pouvoir du Parlement.

— Jacques, cela n'a aucune importance. Tu as fait des promesses, mais les circonstances et la situation du pays peuvent te conduire à vouloir une nouvelle Assemblée. Et puis, Séguin restera au perchoir quoi qu'il arrive.

— Non Pierre, je ne le ferai pas.

Robert Pandraud, qui partage l'avis de Pierre Mazeaud, a pris le relais et avancé ses arguments :

— Jacques, enfin, a-t-il lancé de sa voix rocailleuse, ne refais pas l'erreur de Giscard en 1974. La dissolution est inscrite dans la lettre de la Constitution. Giscard n'avait pas dissous et tu es bien placé pour savoir que c'est ce qui l'a tué, quelques années plus tard, lorsqu'il n'a plus pu compter sur le RPR pour tenir sa majorité.

— Non, Robert, je ne le ferai pas.

Les deux compères ont alors enchaîné sur la nécessaire réconciliation à droite.

— Jacques, il faut effacer les déchirures de la campagne. En organisant de nouvelles élections, il n'y aura plus ni chiraquiens, ni balladuriens. Tu pourras t'appuyer sur une majorité présidentielle pendant cinq ans.

Mais rien n'y a fait. Chirac a décidé de ne pas dissoudre. Il finit par répondre n'importe quoi à tous les arguments qu'on lui oppose. Entêté, fermé, sûr de son bon droit.

« Il y a six mois, vous n'auriez pas parié sur moi... »

Désormais, tout est en place, les éléments du drame comme les personnages de la comédie. Les conseillers, la famille, les alliés et les traîtres. Tout ce qui va suivre est déjà écrit en ce fameux jour de la passation de pouvoirs. Les faiblesses de caractère, les défauts de jugement, les erreurs politiques. La scène se termine à l'Elysée. Il est 19 heures. La porte du bureau de Jacques Chirac s'est entrouverte pour laisser passer trois fidèles.

Maurice Ulrich le vieux grognard, Christine Albanel la conseillère culturelle et Jean-Pierre Denis, l'économiste passé par l'Ena et HEC. Ils sont venus embrasser l'heureux président. Ces trois-là connaissent beaucoup de lui, parce qu'ils ont vécu le pire avec lui. La solitude et le doute, les maladresses et les erreurs. Pendant des mois, ils ont cru l'élection perdue. Et sont restés auprès de leur candidat par compassion plus que par conviction. C'est parce qu'il sait tout cela que Chirac les prend tour à tour dans ses bras en souriant. « Il y a six mois, vous n'auriez pas parié grand-chose sur le fait de me voir ici... »

Il n'y a ni champagne, ni cris de joie. Ou si peu. Claude Chirac a seulement fait monter dans le bureau contigu de celui du président les benjamins de l'équipe chiraquienne. Tous regardent encore une fois les images de la journée en zappant sur les journaux de 20 heures. Les conseillers politiques qui formeront le futur cabinet sont déjà ailleurs.

Chirac a passé la tête pour déclarer forfait — « je suis crevé, Claude » — et est reparti à « la maison » qui est encore l'Hôtel de Ville. C'est donc un Elysée aux trois quarts vide, à 21 heures, que la petite troupe entreprend de visiter.

L'ancienne équipe a vidé la place. Mais dans un tiroir, un conseiller du cabinet précédent a laissé en évidence une carte postale représentant une de ces vieilles bergeries que l'on trouve encore parfois dans les campagnes françaises. Sur la porte de bois de l'étable, est placardée une affiche électorale du temps de l'UNR, l'ancêtre gaulliste : « La majorité, c'est vous. » Dessous, passe un troupeau de moutons...

3

Juppé I : les racines du mal

Alain Juppé a retrouvé son petit groupe de fidèles, dans les magnifiques bureaux qu'il occupe encore au ministère des Affaires étrangères. Il vient d'être nommé premier ministre et bien que la nouvelle n'ait causé aucune surprise, certains de ses collaborateurs ne parviennent pas à retenir leurs larmes de joie. Là aussi, on voudrait trouver du champagne, le congratuler, évoquer l'avenir. Mais il ne trouve qu'une phrase, un peu déroutante pour son entourage : « C'est maintenant que les difficultés commencent. » Quel beau sens de la prémonition…

Jacques Chirac s'est chargé quelques jours auparavant de jouer lui-même les rabat-joie en lançant à son protégé : « Vous verrez, c'est le poste le plus épouvantable de la République. » Depuis, le nouveau premier ministre affiche une mine grave.

Matignon ! Etre le premier des quinquagénaires de la droite à y entrer, c'est pourtant déjà quelque chose. De sa génération, seul Laurent Fabius l'a doublé sur sa gauche. Mais il a pris de vitesse François Léotard qu'il méprise et Philippe Séguin qu'il déteste. Cela devrait donner à sa nomination un vrai goût de victoire. Ou au moins de puissance. Il n'en montre rien.

Son statut est pourtant exceptionnel. Chirac l'a promis : ils fonctionneront dans un duo parfait. Sans confusion des rôles, mais en accord sur les objectifs. « Chirac a toujours été marqué par l'efficacité du partenariat entre de Gaulle et Pompidou, explique aujourd'hui Bernard Pons. Ils travaillaient en symbiose et leur entente a duré cinq ans. En arrivant au pouvoir, Jacques a voulu concevoir sa présidence sur le même modèle. »

Le plan de Villepin et Gourdault

Pendant les dernières semaines de campagne, le futur premier ministre a jeté sur le papier la structure de ce gouvernement dont la direction lui était implicitement promise. Il en a tracé les contours, au cours de conversations avec Dominique de Villepin et son autre très proche conseiller, Maurice Gourdault-Montagne. Villepin et Gourdault-Montagne sont amis. Nés à deux jours d'écart, « presque jumeaux » disent-ils, ils sont tous deux issus du quai d'Orsay, où ils se sont côtoyés des années durant. Gourdault-Montagne est aussi organisé et rapide que Villepin est passionné. Avec l'un au secrétariat général de l'Elysée et l'autre à la tête du cabinet à Matignon, les conflits ne doivent pas exister.

Ensemble, les trois hommes ont élaboré un projet de réforme commun. Ils veulent briser les grandes administrations. Bercy, les Affaires sociales, l'Education nationale sont particulièrement dans la ligne de mire.

Car ces monstres, hiérarchisés autour de chefs de services, de directeurs et de chefs de bureaux, incarnent à leurs yeux les principaux freins au changement. Du fait de leurs multiples compétences, les grandes administrations décident de tout et regardent passer les ministres sans se soucier ni des alternances politiques, ni des tentatives de réformes. « Nous voulions responsabiliser les grandes directions administratives, explique aujourd'hui Maurice Gourdault-Montagne, tout en réduisant les cabinets ministériels. Le but était d'améliorer l'efficacité et la transparence des décisions. Nous avions en somme un idéal pur de réforme de l'Etat. »

Sur le papier, le projet est séduisant. Seulement Juppé, Villepin et Gourdault-Montagne ne pensent pas en termes d'hommes. Ils pensent en termes de fonctions. En recomposant les structures, ils croient pouvoir agir plus directement sur la société. « Au fond, Alain s'imaginait alors, explique aujourd'hui son ami Jean-Jacques de Peretti, qu'il aurait suffisamment d'autorité pour tout gérer lui-même. » « Nous avions surtout pensé les choses de manière théorique », nuance Gourdault-Montagne.

En réalité, Alain Juppé n'a confiance qu'en lui-même. S'il le pouvait, il assumerait tous les ministères. A défaut, il veut pouvoir les contrôler. Tous. Jacques Chirac l'a donc ramené à la réalité. Car le président de la République a lui aussi tracé un cadre à ce premier gouvernement. « D'accord pour la réforme des structures, aquiesce-t-il, mais maintenant, il faut des noms. »

Il veut des femmes. Pas une ou deux. Au moins une demi-douzaine. Il veut des fidèles. Pas un ou deux.

Presque tous ceux qui l'ont soutenu dans sa très grande solitude, quand les autres se pressaient chez Edouard Balladur. Et puis, il veut ménager Giscard, en le consultant sur les UDF qui entreront au gouvernement. Allez composer une équipe avec tout cela…

La réconciliation n'aura pas lieu

Par-dessus tout, ce qui domine la composition du premier gouvernement Juppé est la volonté de ne pas faire la paix. De laisser les balladuriens en dehors du pouvoir. De ne pas, finalement, rassembler le camp de la majorité.

Déjà, il en a coûté à Chirac de devoir rencontrer « Edouard » entre les deux tours pour être certain de ne pas perdre les voix balladuriennes. Il s'est exaspéré d'entendre Nicolas Sarkozy persifler : « Chirac a obtenu 20 % au premier tour ? Ma foi, c'est d'une remarquable stabilité ! Il avait fait exactement la même chose en 1988. » Malgré les conseils de Séguin qui l'adjure de s'entendre avec les balladuriens, Chirac répète sans cesse : « Rien n'est négociable. » Rien. Même pas la moindre petite place dans un gouvernement. « On les a déjà suffisamment remerciés », a dit Juppé.

C'est là sans doute qu'est la deuxième erreur de Chirac. Ne pas dissoudre l'a empêché de redessiner la majorité présidentielle. Ne pas associer au gouvernement les alliés de l'homme qui a obtenu plus de 18 % des voix au premier tour de l'élection frustre une grande part de son électorat.

François Léotard, qui se voit repoussé dans le même

opprobre qu'Edouard Balladur, affirme qu'il a compris dès ce moment que Chirac et Juppé iraient à l'échec. « On voit bien, dit-il alors, la volonté impérieuse d'écarter de toutes responsabilités ceux qui ne se sont qu'imparfaitement prêtés à cet avènement. »

Cabrol, Line Renaud et Sulitzer à l'Hôtel de Ville

Les relations chiraquiennes, elles, se pressent à l'Hôtel de Ville, dans un ballet ininterrompu. Depuis le 8 mai, c'est là que le nouveau président de la République conserve son quartier général. Et il s'y est installé comme pour tenir un siège. Son immense bureau, au deuxième étage du somptueux bâtiment au cœur de Paris, domine ses appartements privés où il prend ses dîners. S'il veut sortir faire quelques pas, il descend jusqu'au petit jardin intérieur de la mairie. Il dispose du téléphone interministériel et d'un imposant secrétariat. Et puis, Alain Juppé n'est pas loin, puisque son bureau d'adjoint au finances de la municipalité parisienne ne se trouve qu'à quelques dizaines de mètres.

Sur les trottoirs, les photographes et les cameramen, qui ont installé un campement, mitraillent, depuis son élection, la moindre allée et venue. Mais l'essentiel se passe à l'intérieur des bureaux.

Car bien des « amis » font passer des messages au « cloîtré » de l'Hôtel de Ville. Les conseils, les recommandations arrivent d'un peu partout, y compris des milieux les plus éloignés de la politique. Le PDG de l'UAP Jacques Friedmann, grand ami des Chirac et… des Balladur, vient donner son avis sur quelques noms.

La chanteuse Line Renaud, que toute la famille du président « adore », s'intéresse au futur ministère de la Culture. L'inoxydable professeur Christian Cabrol, qui rêve d'un ministère pour lui-même, commente les options du président dans le secteur de la santé. On a les faveurs qu'on peut.

Dans les sous-sols de la mairie, une armada de secrétaires trient les télégrammes de félicitations, les requêtes, les compliments. Le nouveau pouvoir attire les courtisans et les vaniteux comme un lampadaire les moustiques. L'auteur à succès Paul-Loup Sulitzer arrive ainsi à l'Hôtel de Ville dans une voiture, toutes vitres fermées. Il en ressort fenêtres ouvertes pour la commodité des photographes, marque une pause et assure d'un air mystérieux : « Je ne peux rien vous dire pour le moment. » Joli coup de bluff : il n'a même pas été reçu par Jacques Chirac et a dû se contenter de glisser un mot de félicitations à son secrétariat...

De son bureau, le président écoute, reçoit, consulte et complète sa liste. A beaucoup, Chirac a donné des espoirs. Et bien des hommes et des femmes passent leurs journées à côté de leur téléphone, attendant qu'on les appelle. « Pourtant, Chirac ne promet pas tant que cela, assure Elisabeth Hubert, l'une de celles qui ont accompagné le président depuis 1993. Seulement, la chaleur qu'il met dans ses propos, sa façon de vous dire qu'il ne vous oubliera pas crée parfois des quiproquos. Si l'on écoute attentivement, on s'aperçoit qu'il ne s'engage sur rien. Mais le ton qu'il emploie permet toutes les interprétations. »

Pourtant, ces allées et venues à l'Hôtel de Ville sont moins stratégiques qu'on ne le croit. Car Jacques Chirac et Alain Juppé ont arrêté les noms des dix plus importants ministres entre les deux tours de la présidentielle. « Alain m'avait montré une liste avant le second tour, raconte Jean-Louis Debré, futur ministre de l'Intérieur. Il m'en a montré une autre après l'élection. Rien n'avait changé. » Défense, Intérieur, Justice, Economie, Affaires étrangères, tout est déjà pourvu. Paradoxalement, les ministères régaliens sont ceux qui posent le moins de difficultés.

Certes, Charles Millon, qui aurait préféré l'Aménagement du territoire, avoue, un peu contrit, à Chirac qui lui propose les Armées, qu'il n'a pas fait son service militaire. Mais le président balaie l'objection d'un revers de la main : « Aucune importance, tu as la Défense. » Millon, membre du Parti républicain, se voit récompensé pour avoir refusé jusqu'au bout la candidature d'Edouard Balladur. Surtout, son noviciat garantit les coudées franches à Chirac dans l'un de ses « domaines réservés ».

Les espoirs déçus de Jean-Louis Debré

Les deux postes les plus sensibles, l'Intérieur et la Justice, doivent aller à des fidèles. C'est-à-dire des compagnons de longue date du RPR. Comment le président pourrait-il laisser la gestion des affaires judiciaires et la préparation des élections à des hommes qui ne seraient pas parfaitement « fiables » ?

Depuis des semaines, déjà, Chirac a arrêté les noms de ces deux ministres déterminants. Mais, pour la forme seulement, il laisse croire à Jean-Louis Debré qu'il a le choix. Juste après le second tour, il s'enquiert ainsi auprès de celui qui, pendant deux ans, a tenu pour son compte l'appareil du RPR :

— Bon, Jean-Louis, qu'est-ce que tu veux ?

Debré, ancien magistrat tombé amoureux des tropiques, se verrait bien à la Justice ou, mieux, aux Dom-Tom. « Chirac m'a seulement répondu : "Ecoute, ne bouge pas, j'ai des idées précises pour toi. Juppé va t'appeler" », se souvient Debré. Seulement, lorsque Juppé appelle, c'est pour lui annoncer : « Comment cela, les Dom-Tom ? Ah non ! Toi, c'est l'Intérieur. » « Déjà, en 1993, Chirac m'avait joué ce petit air-là », sourit Debré.

— Tu veux quoi ? avait demandé Chirac.

— Les Dom-Tom.

— Ecoute, ne bouge pas, j'ai des projets précis pour toi.

Juppé avait alors appelé à son tour :

— Tu veux quoi ?

— Les Dom-Tom.

— Désolé, pour toi, c'est le secrétariat général du RPR...

Debré ne peut évidemment pas s'en plaindre, l'Intérieur est une marque de confiance évidente. C'est aussi un ministère délicat. Mais il est un habitué des combats difficiles et peu populaires. Jacques Toubon aussi.

Toubon défie Tiberi à Paris

Un peu avant le deuxième tour, Toubon est allé voir Chirac pour tâter le terrain. Son rêve ? Succéder à son

« père » à la mairie de Paris et obtenir dans le prochain gouvernement un ministère « qui ne nécessite pas une trop lourde charge, la Culture par exemple », ministère qu'il occupait déjà dans le gouvernement Balladur.

En réalité, sa succession à la mairie de Paris préoccupe presque autant Chirac que la constitution du gouvernement. La mairie a été son tremplin, sa base de repli mais aussi sa maison depuis vingt ans. Il lui est difficile de s'en détacher. Il sait aussi que ses adversaires n'attendent qu'un faux pas de sa part pour dénoncer méthodes de gestion et « arrangements » mis en place depuis 1977.

La mairie a longtemps servi de base de repli et de trésor de guerre. Au temps où Chirac était président du RPR, la plupart de ses collaborateurs y ont été salariés. Jamais la capitale n'a désavoué Chirac, même quand la France entière s'en détournait. Pour ceux qui connaissent bien Chirac et les hommes politiques en général, la chose est entendue : il ne choisira pas de son vivant un homme qui pourrait le supplanter dans la mémoire des Parisiens. Françoise de Panafieu, fine mouche, qui connaît à la fois son Chirac et la capitale dont elle est une élue, résume depuis plusieurs années l'analyse en une formule : « La mairie ira à Tiberi. Parce que ce n'est pas le plus brillant et parce que c'est le plus bosseur. » Jean Tiberi, lui, attend.

Il sait déjà que Jacques Toubon reste son plus sérieux rival pour le poste. « Personnellement, dit-il, je n'ai jamais cru ni à l'hypothèse Juppé, ni à Séguin, ni même aux rumeurs qui donnaient Balladur. Toubon en revanche était plus crédible et nous avions des qualités équivalentes : implantés sur Paris, travailleurs, fidèles. »

Mais Tiberi a un atout supplémentaire : ses réseaux. Premier adjoint de Chirac depuis douze ans, il est entré dans l'administration parisienne en 1965. Il connaît chacun des rouages, a rendu des services à tous. A 60 ans, il est prêt.

Lorsqu'il évoque le 9 mai avec Chirac cette hypothèse, il s'entend donc répondre : « C'est une très bonne idée. » Il entend aussi Chirac ajouter dans un soupir : « Le problème est qu'il y a un autre candidat : Toubon. » A tout hasard, le président lui suggère doucement, puisqu'il est magistrat de formation, de devenir garde des Sceaux. Tiberi a-t-il senti que Chirac ne croit pas vraiment à son entrée au gouvernement ? Toujours est-il qu'il refuse le ministère et persiste dans sa volonté d'obtenir la mairie.

Lorsque Toubon a évoqué Paris, juste avant le second tour, lui aussi s'est vu proposer le ministère de la Justice. Mais avec nettement plus d'insistance. « Paris a connu sa puissance parce que j'y étais le chef de l'opposition et que chacun savait que j'aspirais à un autre destin, a juré Chirac devant Toubon. Avec un autre maire, Paris redeviendra une municipalité banale. Garde des Sceaux, c'est autre chose... »

Seulement Toubon s'entête. Cela fait deux, trois fois qu'il revoit Chirac et il n'aspire toujours qu'à être maire. Le 11 mai au matin, Chirac le convoque une nouvelle fois. Le ton est beaucoup plus ferme : « J'ai besoin de toi à la Justice. Tu seras ministre d'Etat, le deuxième dans l'ordre protocolaire, derrière le premier ministre. Tiberi me succédera à la mairie. » La proposition est un ordre.

Quelques minutes plus tard, on appelle donc Jean

Tiberi et Roger Romani, le vieil ami présent dans tous les secrets de la municipalité. Là, devant les trois hommes, Chirac annonce la distribution des rôles : « Jacques a accepté d'être garde des Sceaux avec le rang de ministre d'Etat, Jean veut bien prendre ma succession à la mairie. » « J'ai toujours fait ce qu'il voulait que je fasse », reconnaît aujourd'hui Toubon, résigné.

Madelin sauve son grand ministère

Les vraies difficultés commencent lorsqu'il faut piocher hors du camp RPR. Et si Alain Juppé a réussi, sans trop de difficultés, à écarter Philippe Séguin de Matignon, il doit céder devant les exigences de l'autre pilier de la campagne chiraquienne, Alain Madelin.

Il est clair depuis des mois que Madelin héritera de l'Economie. Bien sûr, il est un peu brouillon. Mais c'est lui qui a alimenté le candidat Chirac en idées, lui qui a inventé les formules à succès de la campagne. C'est aussi lui qui a donné quelques idées sur l'emploi à un programme présidentiel qui en manquait cruellement.

Philippe Séguin explique parfois le poids de Madelin à l'aide de la formule suivante : « Le Contrat Initiative Emploi (CIE) est une de ses idées. C'est une énorme connerie, qui coûte cher et ne crée aucun emploi. Mais c'était la seule chose concrète que l'équipe de Chirac pouvait avancer contre le chômage pendant la campagne présidentielle. Si nous n'avions pas eu le CIE, nous en serions restés à répéter que "tout repose sur l'énergie de chacun". » Séguin est cruel... En réalité, Madelin a permis de contenir autour de Chirac un électorat libéral que les thèses sur la fracture sociale auraient pu effrayer. Sans lui, rien n'eût été possible. En somme, Jacques Chirac lui est redevable.

D'emblée, Alain Juppé s'efforce d'encadrer cet encombrant partenaire. Pour avoir côtoyé Edouard Balladur de 1986 à 1988, il sait qu'un ministre de l'Economie peut vite devenir un premier ministre bis. Il voudrait donc rogner les défenses naturelles de la forteresse de Bercy. La morceler en petits fortins efficaces pour l'action mais inoffensifs pour l'état-major. Y placer des fidèles. Y conserver une mainmise.

Dès le lendemain du premier tour, lorsqu'il est allé discuter de son gouvernement avec le président, Alain Juppé a dessiné le visage qu'il entend donner au superministère déjà revendiqué par l'autre pilier de la campagne chiraquienne. Madelin peut bien avoir l'Economie. Juppé, lui, entend conserver le Budget.

Son idée première a d'abord été d'y placer un de ses fidèles amis, député RPR de Dordogne, Jean-Jacques de Peretti. Mais Chirac, qui n'aime pas beaucoup Peretti qu'il juge nonchalant et léger, a récusé l'idée. Juppé pense donc au jeune Hervé Gaymard. Gaymard, comme haut fonctionnaire, a connu cette administration de l'intérieur et a l'avantage d'avoir largement contribué à la campagne électorale de Jacques Chirac. L'idée fait long feu. « On ne peut pas séparer l'Economie, les Finances et le Budget », a tout de suite objecté Alain Madelin. Négociant directement avec le président, le futur ministre de l'Economie obtient gain de cause. Et Alain Juppé doit avaler sa première couleuvre. Madelin prendra Bercy en plaçant à la tête du Budget l'un de ses amis, le Mayennais François d'Aubert. Quant à Gaymard, il se voit proposer un secrétariat d'Etat à la Consommation, rebaptisé à sa demande « secrétariat d'Etat aux Finances ».

« Trouvez-moi des femmes »

Aussi étonnant que cela puisse paraître, ce sont les femmes qui posent le plus de problèmes. Car, contrairement aux prétendants masculins, elles ont commencé par manquer.

« Au départ, raconte Agathe Sanson qui suit alors les discussions au cœur de l'équipe Juppé, Alain a appelé toutes les femmes possibles et imaginables dans un gouvernement. Mais la plupart ont décliné. Parvenues à de hauts niveaux de responsabilités dans des entreprises, elles trouvaient le job de ministre trop mal payé et trop aléatoire lorsqu'on ne veut pas faire une carrière politique. Aussi Juppé a-t-il a demandé à chaque responsable de la majorité de lui suggérer des noms. Et il n'y en a pas un qui ait pu lui en proposer une. » Comment l'auraient-ils fait ? En 1995, les femmes sont rares dans les partis de la majorité et il est sans doute trop cruel de réclamer à des élus qui rêvent de décrocher un portefeuille de choisir eux-mêmes celle qui le leur prendra. Mais aux sceptiques comme René Monory qui s'étonnent de son insistance et la prennent pour une lubie, Alain Juppé rétorque, convaincu : « Si on annonce 30 % de femmes, mon gouvernement aura de la gueule. »

A la vérité, une seule femme s'impose d'emblée : Elisabeth Hubert. Médecin, militante du RPR, forte personnalité, passionnée par les problèmes de santé, la jeune femme a le mérite d'avoir fait, sans hésitation et dès le départ, toute la campagne chiraquienne. Dès le 9 mai, lors du conseil national du RPR, Alain Juppé s'est arrangé pour s'asseoir à côté d'elle et lui glisser : « Si je te propose le ministère de la Santé, tu l'accepteras ? » Depuis, il la laisse « mariner » sans lui donner aucune nouvelle. Mais, sur sa liste de ministres, son nom ne bouge pas de place : elle sera ministre de la Santé et de l'Assurance-maladie.

Les autres femmes ? Au sein même du RPR, Juppé n'en a repêché que deux autres. Colette Codaccioni, au RPR depuis vingt ans, toujours prête à agiter le drapeau de la défense de la famille. L'autre s'appelle Anne-Marie Couderc. Elue à Paris, c'est une amie de longue date. « Anne-Marie » décroche le secrétariat d'Etat à l'Emploi, sans budget propre et rattaché à Matignon. « Colette » est nommée à un ministère dont l'intitulé trahit le flou qui recouvre ses attributions réelles : la Solidarité entre les générations.

Jacques Chirac en impose une troisième, élue RPR de Paris, elle aussi, mais que Juppé n'aime pas : Françoise de Panafieu. « Le président voulait absolument qu'elle soit ministre, souffle l'équipe Juppé. On a dû lui trouver un portefeuille. Celui du Tourisme. »

Alain Madelin, qui voudrait bien s'imposer un peu mieux dans la composition du gouvernement, propose à son tour Christine Chauvet, une chef d'entreprise militante au Parti républicain, pour le poste de secrétaire d'Etat au Commerce extérieur. Et Valéry Giscard d'Estaing, qui s'enorgueillit d'avoir été le premier chef d'Etat à promouvoir les femmes à la tête de ministères, suggère Françoise Hostalier, députée giscardienne du Nord, pour un secrétariat d'Etat à l'Enseignement scolaire.

Mais Chirac n'est pas rassasié. Il veut encore et toujours plus de femmes. Pour la photo, pour le symbole, pour l'apparence de renouvellement. En somme, moins pour ce qu'elles sont que pour le supplément d'image qu'elles pourront apporter.

« Margie », une idée du président

Lors d'un voyage à la Réunion, il a eu un coup de cœur pour Margie Sudre. Il la trouve jolie, combative et séduisante, même si elle n'a pas appelé à voter pour lui à la présidentielle. Depuis juin 1993, elle préside le conseil régional de la Réunion où elle a remplacé son époux, Camille Sudre, créateur de Radio Free Dom, déclaré inéligible pour avoir dépassé le plafond autorisé des dépenses de campagne. Depuis, elle s'est séparée de son mari et a pris goût à la politique. Chirac lui suggère personnellement un avenir ministériel. Ce sera la Francophonie.

Les autres, Nicole Ameline, Françoise de Veyrinas, Anne-Marie Idrac, Elisabeth Dufourcq, sont pêchées un peu partout. Mais c'est une élue RPR de Paris, Marie-Thérèse Hermange, qui suggère le nom de Corinne Lepage pour le ministère de l'Environnement. Au final, elles sont douze et c'est un record. Mais seules quatre d'entre elles sont ministres. Toutes les autres sont en queue de peloton dans l'ordre protocolaire et dans la hiérarchie du pouvoir. Les choses sérieuses continuent de se passer entre hommes.

Jacques Chirac l'a promis pendant sa campagne, il préservera la « parité » existant au sein de la majorité.

Et pour lui, la parité n'est pas une affaire de sexe, mais d'étiquette partisane. Il y aura vingt ministres pour le RPR, dix-huit pour l'UDF. Toute la difficulté est de s'accorder sur les noms, les titres, les rapports de force qui dominent l'UDF. Certes, René Monory, qui « a Chirac au téléphone au moins trois fois par jour », a proposé d'emblée au président de l'aider à démêler l'écheveau des composantes de l'UDF. Lui aussi a des noms à imposer. Notamment Jean Arthuis, que l'on réussit à caser au Plan. Mais l'élément coriace de la négociation n'a qu'un nom : Giscard.

Les haines de Giscard

Dès le samedi 13 mai, Jacques Chirac s'est rendu au domicile privé de Valéry Giscard d'Estaing, rue Bénouville, à trois pas de l'avenue Foch dans le XVIe arrondissement de Paris. Giscard, en tant qu'ancien chef de l'Etat, refuse de venir comme les autres à l'Hôtel de Ville. C'est donc le nouveau président qui se déplace. Après tout, Chirac se contrefiche de ce genre de convenances, et Giscard en est ravi. Pas seulement parce qu'au bout d'une heure, en raccompagnant son ancien adversaire sur le pas de la porte, quelques passants ont applaudi devant l'image inhabituelle d'une amitié qui n'a jamais existé. Mais parce que Chirac a décidé d'en faire un interlocuteur majeur de son gouvernement. Et vient de le lui prouver en lui demandant ses choix pour les postes ministériels réservés à l'UDF.

Valéry Giscard d'Estaing a des regrets d'avoir dû renoncer à sa dernière chance de concourir pour la présidentielle. Mais il a d'abord des haines à assouvir. Déterminé depuis quatorze ans à ne pas glisser dans la catégorie des « ex », il ne supporte pas qu'on lui accole maintenant l'étiquette de « vieux ». Il a donc quelques comptes à régler avec tous ceux qui, après avoir été ses disciples, s'en sont allés voir chez Edouard Balladur sous prétexte que celui-ci avait plus d'avenir que lui.

Sa première vengeance est d'abord pour François Bayrou. Bayrou a été le jeune premier de Giscard. Celui qu'il prenait pour sa créature. Celui qu'il avait choisi d'aider dans sa carrière, à condition qu'il patiente sans chercher à lui faire de l'ombre. Mais Bayrou n'a pas attendu. Pire, il n'a pas craint d'humilier Giscard. Le mardi précédent, le 9 mai 1995, Bayrou a en effet passé les bornes. Lors du bureau politique de l'UDF, présidé par VGE, le jeune patron des centristes est monté à l'assaut. Le sujet du jour, défini par Giscard, devait porter sur le financement de l'UDF par les partis qui la composent. Et là, reconnaît un participant, « Bayrou a pété les plombs ». Contestant la direction de l'UDF assurée par Giscard, il lui a reproché publiquement de n'utiliser la confédération que pour assurer sa promotion personnelle. « Bayrou a reproché à Giscard jusqu'à ses notes de téléphone », raconte l'un des participants. « François a pratiqué la politique de la terre brûlée », renchérit le giscardien Jean-Pierre Raffarin. Depuis, Giscard, tel un grand fauve, attend que l'autre vienne boire à la source du pouvoir pour lancer son attaque. Et voilà que ce moment est venu. Ce samedi, lorsque Chirac arrive rue Bénouville, il trouve un Giscard déterminé à tuer.

Le culot de Bayrou

François Bayrou rêve d'un grand ministère. Certes, il a choisi de soutenir Edouard Balladur plutôt que Jacques Chirac. Mais comme chef des centristes, il est incontournable. Au lendemain de la victoire de Jacques Chirac, il évoque donc avec Alain Juppé sa place dans le futur gouvernement. « J'avais demandé à Balladur, lorsque nous pensions tous qu'il l'emporterait, de pouvoir rester à la tête d'un grand ministère de l'Education nationale regroupant également l'enseignement supérieur et la recherche, raconte aujourd'hui François Bayrou. Mais le programme annoncé par Chirac en ce domaine changeait largement la donne. » Pendant toute sa campagne, ce dernier a en effet annoncé qu'il entendait réformer l'éducation en organisant un référendum. Méthode que Bayrou juge absurde, irréalisable et politiquement dangereuse. Il exprime donc clairement à Juppé son opposition : « Je ne ferai pas le référendum de l'Education nationale. » Il faut lui trouver autre chose. Et Bayrou, sans sourciller, réclame le quai d'Orsay.

Le jeune ministrable a de l'intelligence, le parti centriste derrière lui, et beaucoup de culot. Alain Juppé dit parfois de lui : « Bayrou ? C'est le Sarkozy de l'UDF. » Mais il l'apprécie. Le nommer aux Affaires étrangères est envisageable.

Envisageable vingt-quatre heures seulement. Car Giscard prévient tout de suite Chirac : « Celui-là n'aura pas un ministère régalien. » Et comme souvent lorsqu'il veut être cruel, il insiste sur le manque d'expérience et le peu d'épaisseur de l'impétrant : « Bayrou ? Il manque de la plus élémentaire notion de diplomatie. » Que voulez-vous répondre à cela ? Chirac qui entend diriger, comme tous les présidents de la Ve République, les Affaires étrangères comme un domaine réservé, n'a aucune raison de contrer un vieil adversaire devenu son allié. Bayrou ? Il le connaît à peine.

Giscard pousse donc ses feux. Au fond, il se serait bien vu lui-même aux Affaires étrangères. Mais la proposition ne lui est pas faite et il a l'orgueil de ne rien réclamer. Il entend pourtant placer l'un des siens sous les dorures du quai d'Orsay. Hervé de Charette, fidèle ami et quasi porte-parole de Giscard, sera parfait dans le rôle. Chirac est d'accord. Juppé s'incline. Quant à Bayrou, « Giscard voulait qu'il reste planté à l'Education », raconte Jean-Pierre Raffarin. La vengeance est proprement exécutée.

François Bayrou encaisse mal l'affront. Lorsque Alain Juppé lui téléphone pour lui annoncer : « Giscard ne veut pas de toi », il le prend de haut : « Dans cette affaire, ce sont tout de même Chirac et Juppé qui décident. Pas l'autre. » Rien n'y fait. Bayrou suggère la Défense nationale. Trop tard. Chirac a déjà choisi Charles Millon. Mais le président téléphone lui-même à Bayrou pour lui proposer… « un grand ministère de la Culture. » Bravache, le patron des centristes éclate d'un rire forcé : « S'il y a un ministère qui ne me convient pas, c'est bien celui-là : je ne porte jamais le smoking, je ne dîne pas en ville et je déteste ce milieu. A tout prendre, je préfère encore l'Agriculture. » Chirac et Juppé, en désespoir de cause, lui suggèrent encore d'être « le numéro 2 du gouvernement, chargé de la

Réforme de l'Etat». Ce que Bayrou refuse toujours : «Etre ministre de la Réforme de l'Etat, sans administration ni budget propre, c'est être un peu comme Jean-Jacques Servan-Schreiber sous Giscard : ministre de rien. On ne tient pas trois semaines.»

Le lendemain même, il convoque tout le bureau de son parti, pour un déjeuner dans le salon privé du ministère de l'Education nationale où il a commencé à faire ses cartons. Il y a là tous ceux qui ont une chance de décrocher un portefeuille, sur le quota centriste. Philippe Douste-Blazy, Jacques Barrot, Claude Goasguen, Jean Arthuis, Dominique Baudis et Pierre Méhaignerie encadrent ce chef qui crâne. «Ce que l'on me propose ne va pas, commence Bayrou. On cherche à nous humilier. Dans ces conditions, nous devons nous demander si les centristes peuvent entrer au gouvernement.» Autour de la table, les mines se sont allongées. Va-t-on provoquer une crise dans la majorité et renoncer à occuper des ministères si essentiels pour une carrière politique? «Les choses ont été vite vues, raconte aujourd'hui Bayrou. Seul Dominique Baudis était prêt à me suivre. Tous les autres faisaient la grimace à l'idée de ne pas être au gouvernement. J'ai compris que l'on ne pourrait pas refuser d'y aller. Ou qu'alors, je serais seul à le faire.»

«Qui vois-tu comme autre centriste ?»

L'hésitation de François Bayrou dure pourtant deux jours. Assez pour que Jacques Barrot décroche le ministère des Affaires sociales. «Croyant que Bayrou ne viendrait pas, raconte Charles Millon, Chirac m'a demandé : “Qui vois-tu comme autre centriste ?” Et j’ai suggéré Barrot. Au départ, on n’avait pas pensé à lui. » Et pour cause : Barrot, comme les trois quarts des centristes, a choisi Balladur. Mais lorsque, quarante-huit heures plus tard, Bayrou se résout finalement à rester au gouvernement, Juppé a déjà casé Barrot sur ses listes. Et renonce à l’en faire sortir.

Finalement, Alain Juppé transige et offre à François Bayrou un superministère de l’Education nationale. Giscard voit déjà son ennemi manger son chapeau. Pourtant, Bayrou obtient d’Alain Juppé, lui-même guère convaincu par ce fameux référendum sur l’Education nationale, de s’accorder sur le passage du discours de politique générale consacré à l’éducation que prononcera dans les jours suivants le premier ministre. D’une certaine façon, l’hypothèse du référendum est enterrée à moyen terme : une consultation populaire ne pourra être envisagée qu’au lendemain d’états généraux, ce qui est parfaitement vague.

Lamassoure sacrifié

L’autre victime expiatoire de Giscard s’appelle Alain Lamassoure. Ministre délégué aux Affaires européennes d’Edouard Balladur, il entretient les meilleures relations du monde avec Alain Juppé. Mais là encore, l’ancien giscardien a pris ses distances avec l’ex-président de la République. « J’ai voulu m’émanciper », dit-il. Seulement voilà : Lamassoure, entré dans le gouvernement de Balladur parce qu’il était giscardien, en est sorti balladurien. Autant dire que, dans le nouveau rapport de force, il est considérablement affaibli. Là encore, Giscard met un veto à son retour dans un nouveau gouvernement. Ni Chirac, ni Juppé ne veulent aller au clash pour un cas isolé. Valéry Giscard d'Estaing a obtenu les deux têtes qu'il réclamait.

Le reste est beaucoup plus simple. Car Jacques Chirac a déjà pourvu, dans son esprit, quelques postes. A ses yeux, certaines nominations sont évidentes. Guy Drut, par exemple. Vieil ami de Chirac, Edouard Balladur avait refusé de le prendre à la Jeunesse et aux Sports en 1993. Deux ans plus tard, le nouveau président rattrape le retard : l'ancien champion olympique du 110 mètres haies devient ministre. Le sort de Philippe Vasseur, lui aussi, est déjà gravé dans le marbre. Lorsque Alain Madelin s'en est allé négocier à l'Hôtel de Ville les postes des représentants du Parti républicain à la place de François Léotard, « grillé » pour cause de balladurisme, les choses ont été claires. A la seule évocation du nom de Philippe Vasseur, Chirac a lancé : « Là, ce n'est même pas la peine de discuter. Vasseur, c'est l'Agriculture. » Même réflexe pour François Baroin, qui a tenu le difficile rôle de porte-parole de Jacques Chirac pendant toute la campagne. Chirac en fait une question de symbole. Juppé lui propose donc, en l'emmenant en voiture au conseil national du RPR, le 9 mai, de devenir le porte-parole du gouvernement.

Claude Chirac repêche Raoult

Parmi ceux qui sont consultés ou donnent leurs avis, la fille cadette de Jacques Chirac, Claude, joue un rôle important. Par proximité de génération, elle veille ainsi tout particulièrement à l'avenir des quelques jeunes de l'équipe : Hervé Gaymard, François Baroin et Eric Raoult. La cause des deux premiers est entendue. Reste Raoult.

L'élu des banlieues difficiles de Seine-Saint-Denis, amateur de formules choc et fidèle de Chirac, n'est pas dans la liste du gouvernement imaginé par Juppé. Le 12 mai, Alain Juppé lui a pourtant téléphoné en lui lançant : « On se parle franchement ? Alors écoute, tu ne peux pas me dire non. Pour toi, ce sont les Dom-Tom. » Abasourdi, Raoult, qui s'attendait à être le monsieur villes et banlieues du gouvernement, s'entend répondre :

— C'est non.

— Tu sais, à l'âge que tu as, menace Juppé, les plats ne repassent pas deux fois.

— Je sais, mais moi, mon truc, c'est la ville.

Seulement voilà. Quand on dit non à Alain Juppé, il ne cherche pas d'autres solutions. Il raye purement et simplement Raoult de sa liste. Il veut réserver le ministère de la Ville à un jeune député qui monte, fidèle à sa personne, dont l'ambition est de prendre la mairie de Mantes-la-Jolie : Pierre Bédier.

Tout de même, l'affaire commence à prendre quelques proportions. Bernard Pons, qui a l'oreille du président et celle des députés RPR dont il est encore le président de groupe, convoque Raoult : « Eric, tu fais la connerie de ta vie. Si tu te brusques, tu connais Alain, il va lui aussi se fermer et tu n'auras rien. » Philippe Séguin, qui, un temps, a converti Raoult à ses idées antimaastrichtiennes, appelle lui aussi : « Non, mais tu plaisantes ! Tu as quarante ans, l'âge d'être ministre, vas-y. » Jean-Louis Debré téléphone à son tour : « J'ai vu Alain, il dit que tu fais ta mauvaise tête et que tu vas finir par ne rien avoir. Fais une concession. » Juppé, lui, tient bon. Ce sont les Dom-Tom ou rien.

La veille de l'annonce de la constitution du gouvernement, Maurice Gourdault-Montagne appelle pourtant Eric Raoult pour lui confier : « Ton cas se joue dans la soirée. Reste à côté de ton téléphone. » « J'ai passé un moment atroce », raconte aujourd'hui Raoult.

Au quai d'Orsay, Claude Chirac est venue voir ses deux amies Agathe Sanson et Manuela Isnard, respectivement attachées de presse d'Alain Juppé et de Philippe Séguin. On lui raconte le « cas Raoult », son refus et ce ministère qui est en train de lui passer sous le nez. Gourdault-Montagne est là aussi. Or, sur les quatre, tout le monde voudrait qu'« Eric y soit ». Claude téléphone donc à son père et à Alain Juppé qui, ce soir-là, s'est offert l'une de ses dernières sorties au restaurant, en tête-à-tête avec sa femme Isabelle. « C'est impossible qu'Eric ne soit pas au gouvernement, assure Claude. Il représente les jeunes, les banlieues, il a toujours été à nos côtés. » Juppé, qui croit que Raoult ne veut pas être ministre, plaide le malentendu ; Chirac insiste pour que l'on revoie l'affaire. Raoult, finalement, sera là où il voulait être : ministre de l'Intégration et de la Lutte contre l'exclusion. A minuit et demi, Claude Chirac rappelle Raoult, « scotché » devant son téléphone, en plaisantant : « Bon, tu commences ton boulot demain, à 7 heures. »

Jean-Jacques de Peretti, retoqué lui aussi des listes, puisque Madelin n'en voulait pas au Budget, rentre en même temps que Raoult. C'est finalement lui qui hérite des Dom-Tom.

Dernière bravade de Sarkozy

L'heure des passations de pouvoirs dans les ministères offre donc le curieux tableau de ces quarante-deux ministres, dont douze femmes, novices pour beaucoup d'entre eux, qui viennent investir les ministères occupés jusque-là par les troupes d'Edouard Balladur. Tutoiement, amabilités, compliments, l'atmosphère est étonnamment joviale. Les balladuriens surtout font crânement face. Sarkozy plus que les autres, qui assure à la cantonade qu'il va enfin prendre des vacances et devance toutes les remarques en expliquant que « le désert, c'est génial à traverser. On n'y voit que des gens que l'on aime et qui vous aiment vraiment ». Depuis quelques jours, Sarkozy affirme qu'il s'est plongé dans les *Lettres à Lucilius* de Sénèque et en cite quelques morceaux choisis : « La victoire est moins gaie qu'on ne le croit et la défaite moins triste qu'on ne le dit. »

Alain Juppé, affirme-t-il, lui a téléphoné dans les heures précédentes pour l'assurer de son amitié et lui demander : « Lorsque tout cela sera terminé, accepteras-tu que l'on se revoie ? » François Léotard a eu droit, lui aussi, à quelques mots de réconciliation. En somme, une équipe succède à une autre, mais elles veulent croire encore qu'elles sont de la même famille.

Une ligne directe avec TF1

En arrivant à Matignon, Alain Juppé n'a pourtant qu'une seule idée : ne pas s'installer dans le bureau de son prédécesseur. Edouard Balladur avait choisi, comme Jacques Chirac avant lui, d'investir le bureau occupé jadis par Georges Pompidou. Juppé, lui, veut modifier les données. Il laisse à son directeur de cabinet Maurice Gourdault-Montagne le superbe bureau pompidolien et emménage dans l'ancienne salle de réunion.

En arrivant, l'équipe a trouvé tout en place. Y compris un curieux standard téléphonique placé dans l'ancien bureau de Nicolas Bazire, le directeur de cabinet d'Edouard Balladur. Une des lignes téléphoniques, affirme Maurice Gourdault-Montagne, y est « directement reliée à la régie de TF1 ». Gourdault a trouvé ce gadget tellement amusant qu'il a décidé de le conserver, à titre de curiosité. Mais l'équipe d'Alain Juppé assure aujourd'hui ne l'avoir jamais utilisé…

Chacun est dans ses meubles. Assez satisfait de prendre enfin les commandes. Seul Philippe Séguin, qui observe la manœuvre depuis l'hôtel de Lassay, joue les Cassandre et affirme à qui veut l'entendre : « Ce gouvernement est pléthorique et nul. Il ne tiendra pas six mois. »

4

Le choc du pouvoir

Ils ont tous plongé en même temps. On ne voit plus personne. Elisabeth Hubert s'occupe à plein temps de l'assurance-maladie. Philippe Vasseur se dédouble entre Bruxelles et les syndicats agricoles. Entre deux visites de régiments, Charles Millon découvre l'ampleur de la réforme des armées. Pour réussir à voir Alain Madelin, Jean-Pierre Raffarin a dû prendre son bureau par surprise. Las de buter sur un secrétariat hermétique, il a finit par débarquer à Bercy sans crier gare, au sortir d'un dîner, un peu avant minuit, pour évoquer la réforme de l'impôt sur les sociétés. L'équipe du ministre de l'Economie rangeait à peine ses papiers.

Alain Juppé ? Il surnage, péniblement. Trop de travail, trop de mandats. Cinq jours à Matignon, deux à Bordeaux, dont il vient de conquérir la mairie. Ajoutez à cela la direction du RPR dont il prépare les assises qui feront de lui, à sa demande, le président du mouvement à part entière. Il est partout. Tout remonte à lui. Il doit tout décider.

Et Chirac ? Le 13 juin 1995, il a annoncé au cours de

sa première conférence de presse la reprise des essais nucléaires dans le Pacifique. Depuis, c'est un tollé à travers le monde. L'onde de choc a fait le tour de la planète : Europe, Etats-Unis, Australie et bien sûr Japon. Les Français voulaient un président qui les sorte de la crise. Le voilà qui vient de déclencher un ouragan.

« Personne n'est prêt »

La vérité sur le nouveau pouvoir est que personne ne s'y est vraiment préparé. La campagne présidentielle a été épuisante. Et les trois quarts des ministres ont dû enchaîner sur la campagne des municipales, dès la mi-mai 1995. « On avait promis la révolution et on est repartis dans nos provinces », constate Elisabeth Hubert. « Résultat, confirme Eric Raoult, on est arrivés crevés. »

Rares sont les ministres qui ont déjà une expérience gouvernementale. Certes, ils connaissent la politique. Mais la grande majorité d'entre eux n'ont aucune idée du travail gigantesque qui les attend. « Par superstition, beaucoup de ministres s'étaient refusés, jusqu'au jour des nominations, à choisir les membres de leur cabinet, poursuit Elisabeth Hubert. Résultat, beaucoup de dossiers n'avaient pas été travaillés. » Jean Arthuis, Jean-Louis Debré, Jacques Toubon découvrent en même temps les urgences et leur administration. Seul Guy Drut est arrivé au ministère de la Jeunesse et des Sports avec une équipe qu'il garde en réserve depuis deux ans déjà. Est-ce suffisant pour réformer le pays ?

Les premières semaines font l'effet d'une douche

froide. Le premier ministre, conscient des faiblesses de son gouvernement et de la nécessité de réformer rapidement, se mêle de tout. Il prend jusqu'à dix décisions essentielles par jour, rend 130 arbitrages par mois. L'ambiance des réunions interministérielles ? Epouvantable. Les ministres sont terrifiés par la dureté de Juppé. Juppé est accablé par l'impréparation de leurs dossiers. François Baroin, censé être le porte-parole du gouvernement, voit à peine le premier ministre. Le président l'avait prévenu : « Tu sais, c'est le poste le plus ingrat. » Mais il n'imaginait pas à quel point.

Une désastreuse affaire d'appartement

« Les premiers temps seront essentiels », avait prédit Jean-Louis Debré. Précisément, les débuts sont tout ce qu'il y a de plus chahutés. Le 3 juillet 1995, un jeune avocat parisien, Arnaud Montebourg, obtient une audience auprès du procureur de la République de Paris. Se déclarant le représentant de l'Association pour la défense des contribuables parisiens (ADCP), il dénonce les conditions d'obtention par le fils d'Alain Juppé d'un appartement du domaine privé de la Ville de Paris. Pour le nouveau pouvoir, l'affaire est gênante, mais elle ne paraît pas dangereuse. Et puis, Jacques Chirac a juré, dès le premier Conseil des ministres du 20 mai, qu'il laisserait « à la Justice les moyens d'une totale indépendance ». Jacques Toubon laisse donc le dossier suivre son cours. Seulement, le procureur de la République, Bruno Cotte, a tôt fait d'inquiéter la Chancellerie. Dans un rapport adressé au ministère de la Justice, il note en effet que si le délit ne paraît pas constitué pour le fils d'Alain Juppé, il pourrait l'être pour le premier ministre lui-même. Le motif ? Prise illégale d'intérêt, Alain Juppé ayant lui-même, lorsqu'il était adjoint aux finances de la Ville de Paris, signé les conditions de loyer de l'appartement occupé par son fils.

L'affaire de l'appartement va couper les ailes du premier ministre dès son envol. On le croyait honnête et droit ? Le voilà devenu à son tour le symbole des « facilités » que s'autorisent les responsables politiques de la Ville de Paris. Deux mois après la liesse de la victoire présidentielle, les sondages apportent leur réponse cinglante : dix points de moins pour le tandem Chirac-Juppé.

Le spleen du président

Quant au président... Est-il seulement entré dans la peau de son personnage ? Depuis son élection, il paraît absent. Il l'est, au vrai sens du terme, la plupart du temps. D'Halifax à Bruxelles, du Gabon au Sénégal, il a entrepris un vaste tour du monde et représente activement la France à l'étranger.

Même lorsqu'il se trouve à l'Elysée, ses amis parfois, ses collaborateurs souvent, ont le sentiment qu'il n'y est pas encore. C'est un signe : trois mois après sa victoire, il n'a toujours pas quitté l'immense appartement de l'Hôtel de Ville. Les Chirac y ont vécu près de vingt ans. Chaque soir, le président y revient, préférant la vue de la pointe de l'île Saint-Louis au splendide parc du Faubourg Saint-Honoré. On lui rapporte que Xavière

Tiberi s'impatiente de le voir déménager ? « Eh bien, qu'elle attende ! » réplique-t-il sans appel. Il veut prendre le temps de rompre avec ses habitudes. Quant à son épouse, elle a gardé la location de la maison de Grosrouvre, dans les Yvelines, où il a passé tant de week-ends solitaires, lorsque tout le monde le donnait perdant.

Cette victoire, c'est désormais une évidence, n'a pas apaisé le nouveau président. Elle paraît l'avoir coupé du monde. Pendant deux années de campagne, il a parcouru la France en tous sens. Désormais, il ne sort même plus à pied. Le samedi matin, François Mitterrand se promenait le long des quais de la Seine ou sous les arcades de la rue de Rivoli, en communion avec la cité. Chirac, lui, ne risque jamais le bout d'un soulier sur le macadam parisien. « Que voulez-vous, il est grand, on le repère à dix lieues, les gens s'agglutinent et plus rien n'est naturel », explique sa conseillère Christine Albanel.

Le nouveau président circule, pourtant. Mais en voiture. Les premiers mois, on l'aperçoit furtivement, fenêtres ouvertes dans Paris, la main tendue, qui salue les passants. Incapable de quitter ses oripeaux de candidat… Et le reste du temps ? Il travaille, seul ou en compagnie de ses conseillers, engloutissant notes et dossiers. Rarement on le croise au restaurant. Il préfère les dîners privés à l'Elysée. Il ne joue ni au golf, ni au tennis, reçoit peu d'intellectuels ou d'artistes. Trois mois après son élection, la jouissance sensuelle du pouvoir paraît déjà l'avoir quitté.

Même son ami, l'écrivain Denis Tillinac, s'est inquiété de le voir ainsi « le nez dans le guidon », confiné dans l'ambiance étouffante de l'Elysée. Il a dénoncé la perte de l'intuition, du coup de cœur, au bénéfice d'un rationalisme qu'il juge stérile. « Christine Albanel, Jean-Pierre Denis, Maurice Ulrich ont organisé des déjeuners sectoriels dont chacun sait qu'ils n'éclairent jamais la lanterne de quiconque », s'emportera-t-il plus tard, trop tard, dans une confession adressée au quotidien *Le Monde*[1]. « L'idée même de sectoriser des intellectuels, des journalistes, des industriels, des politiques, dans un monde où l'imbrication est la règle, relève de l'aberration. » Mais Tillinac crie dans le vide.

En réalité, Jacques Chirac subit de plein fouet ce coup de blues qui suit souvent les naissances. Il n'a bien sûr aucun regret. « La place était assez convoitée, je crois », sourit Bernadette Chirac, lorsqu'on évoque devant elle les difficultés de cette période d'adaptation. Mais psychologiquement, il ne parvient pas encore à rejoindre le club fermé de ceux qui sont au sommet.

Les marionnettes des Guignols de l'Info, sur Canal Plus, n'ont pas été longues à évoquer le problème. Après avoir tant contribué à rendre sympathique le candidat RPR pendant sa campagne, elles balancent désormais sur les écrans cet échange assassin :

— Quand on vous dit « président », à quoi pensez-vous ?

— Au camembert, bien sûr…

---

1. *Le Monde,* 4 juin 1997.

« Pierre, ce sera toujours comme avant »

Par-dessus tout, un soucis obsède le chef de l'Etat : ne pas se couper de ses amis. Comme un exorcisme, le président multiplie les gestes personnels pour montrer que rien n'a changé. Au lendemain de son élection, lors d'une réception officielle, il s'est donc arrêté devant son vieux compagnon de conquêtes dans le Limousin, Pierre Mazeaud, pour l'embrasser : « Pierre, ce sera toujours comme avant. Je m'attends donc à ce que tu continues de m'engueuler. » Depuis, il oblige tous ses anciens camarades à conserver le tutoiement. Michel Péricard, qui s'emmêle dans de maladroits « monsieur le président » se voit aussitôt rappeler à l'ordre : « Non mais dis-moi, je n'ai pas de changé de prénom ! » Le député Jérôme Bignon qui, respectueusement, a adopté le vouvoiement est tancé : « Tu ne m'aimes donc plus pour ne plus me tutoyer ? »

Le dimanche, il invite désormais très souvent François Pinault, à venir le voir à l'Elysée. Pinault ? Intime de Chirac depuis vingt ans, cet autodidacte breton a transformé depuis 1963 la modeste scierie familiale en un empire international. En France, il possède Conforama, La Redoute, la Fnac et le Printemps. Mais il est aussi présent aux Etats-Unis et en Asie. Sa fortune professionnelle dépasse les dix milliards de francs. Avec tout cela, que se disent les deux hommes ? Aussi surprenant que cela puisse paraître, ils parlent autant d'art moderne — Pinault est un grand collectionneur — que de taux d'intérêt, de croissance ou de mondialisation. Comme si Chirac éprouvait le besoin d'échapper à la réalité. Conserver à tout prix des rapports simples avec ceux qu'il aime. Montrer que lui saura se garder de la dérive monarchique qui a discrédité son prédécesseur. Voilà ce qui, dans les premiers mois, obsède le président. Le style ne compte-t-il pas autant qu'un programme ?... « Le vice de la Ve République, ce sont les courtisans », a-t-il assuré un jour, l'air grave, à Villepin.

« Ça roule bien, n'est-ce pas ? »

Mais un chef d'Etat peut-il ne pas se couper du monde ? Peut-il vivre hors de ce cercle magique qui isole tôt ou tard ceux qui sont au pouvoir ? Chirac voudrait garder au moins cette illusion. Sait-il seulement que, pour les autres, il n'est déjà plus leur semblable ? Sait-il que ce sont les autres, ceux qui l'aiment, ceux qui le servent, qui déjà l'éloignent du peuple ?

Jean-Louis Debré, qui tremble chaque fois que son président part pour une balade en voiture, sans le vouloir, est un des premiers à jeter Chirac dans une société qui n'a déjà plus grand-chose à voir avec la réalité. Le président tient à s'arrêter aux feux rouges au risque de favoriser le moindre attentat contre sa voiture immobile ? Le premier policier de France a trouvé la parade : il s'arrange simplement pour qu'il n'en rencontre pas.

« Un jour que j'étais en voiture avec lui, raconte Debré, le président me dit satisfait : "Tu vois finalement, j'ai fait beaucoup pour améliorer la circulation à Paris et tu peux constater que cela roule bien, n'est-ce pas ?" A la fin du trajet, Chirac en est toujours à s'autocongratuler d'avoir été un si bon maire. Alors Debré avoue : “Si vous avez été, monsieur, un bon maire de Paris, moi je suis un excellent ministre de l’Intérieur. — Ah, bon ? Et pourquoi ça ? — Parce que lorsque vous sortez, j’appelle aussitôt la préfecture, qui vous piste. Et quelques secondes avant que vous ne passiez, je fais mettre tous les feux au vert.” »

Chirac en rit. Sans s’apercevoir que tout le reste est à l’avenant de cette précaution apparemment anodine.

Un soir, il s’en va dîner à La Créole, un restaurant du boulevard du Montparnasse, avec Claude, sa fille. Le propriétaire propose une place discrète au fond ? Pas du tout, les Chirac veulent être en vitrine. Comme par enchantement, Jean-Louis Debré a aussitôt été prévenu. Une fois de plus, la place Beauvau est sur les charbons ardents. Le ministre réclame une vingtaine de policiers en civil. Pendant deux heures, ils mimeront des passants, empêchant tout autre mouvement sur le trottoir. Chirac sort, sans rien voir du stratagème. Avant de remonter dans sa voiture, il serre la main de tout le monde comme il aime à le faire et se félicite de rencontrer des Parisiens si charmants : « Les gens sont gentils, vraiment… »

« Allô, je te réveille ? »

Pourtant, Chirac ne parvient pas à trouver sa véritable place. « Les habits sont trop grands », ont persiflé d’emblée les socialistes. « Il faut du temps pour devenir président », explique l’expert Jacques Pilhan.

C’est à Alain Juppé de gouverner, mais, là aussi, le président conserve ses vieilles habitudes, incapable de renoncer à la gestion directe de problèmes d’intendance qui lui tiennent à cœur. C'est plus fort que lui. Que ce soit dans les Dom-Tom ou en Corrèze, il aurait l'impression de se renier en refusant un coup de main.

Il téléphone donc aux ministres, dimanche matin compris. Jean-Jacques de Peretti en fait bientôt l'expérience.

— Allô, Jean-Jacques, je te réveille ?

— Pas du tout, monsieur le président.

— Tu mens, j'entends bien que je te réveille. Dis-moi, où en est ce dossier des commerçants de Papeete ?

Puis, c'est au tour de Philippe Vasseur : « On me dit qu'il y a une manifestation d'agriculteurs en Corrèze… » ; d'Eric Raoult : « Il faut absolument que tu ailles à Brive-la-Gaillarde, j'entends dire qu'il y a là-bas de gros problèmes d'intégration… » ; de Jean-Pierre Raffarin : « Jean-Pierre, peux-tu régler au plus vite ce problème de supermarchés ? »

Chirac sort moins, mais il veut croire qu'il reste informé. « Il est branché sur le réseau des présidents de chambres de commerce, des petits chefs d'entreprise qui le tiennent au courant de l'évolution des choses, explique alors Jean-Pierre Raffarin dans son ministère des PME, du Commerce et de l'Artisanat. Mais il peut aussi faire rechercher et appeler, sur tel ou tel dossier, un éleveur ou ingénieur qu'il a rencontré un jour et qui l'a alerté sur un détail intéressant. Il a passé tellement de temps à parcourir la France, pour ses campagnes électorales… »

Le rêve et la réalité

Seulement voilà, volontiers interventionniste sur des dossiers concrets, Chirac n'offre pas de perspectives générales aux Français. Il ne se rend pas compte du décalage qui s'accentue entre sa propre mesure du temps et les angoisses du pays. Menacés par le chômage et la précarité des contrats de travail, de plus en plus de citoyens sont inquiets. Qu'un employeur mette la clé sous la porte, qu'une allocation soit supprimée et c'est la situation d'une famille entière qui se trouve bouleversée, du jour au lendemain. Or, que fait Chirac ? « J'ai sept ans devant moi », répète-t-il sans cesse depuis le mois de mai. Sans s'apercevoir que cette référence incessante au septennat l'enferme dans la bulle présidentielle qu'il voulait tant éviter.

« L'erreur que nous avons faite en arrivant à l'Elysée, explique aujourd'hui Frédéric de Saint-Sernin alors en charge des études d'opinion au RPR à Matignon et pour le président, est que nous avons longtemps cherché, avant chaque décision, comment auraient fait de Gaulle, Pompidou, Giscard et même Mitterrand. Nous cherchions comment Chirac devait réagir en président. Sans tenir compte de sa personnalité. Or, je reste persuadé que la vraie chute de popularité perceptible dès les trois premiers mois de 1995 vient de là. Les Français n'étaient pas mécontents parce que nous ne tenions pas nos promesses, mais parce qu'ils ne retrouvaient pas Chirac. »

Il n'empêche, le décalage avec le discours de campagne devient trop flagrant. Le 14 juillet 1995, dans les salons de l'Elysée, le président a d'ailleurs reconnu pour la première fois que les résultats de sa politique ne sont pas forcément ceux qu'il espérait. « Après une élection, il y a une aspiration fantastique à ce que les choses changent d'un coup de baguette magique. Cela relève du rêve, pas de la réalité. »

Le « baratin » de la fracture sociale

Alain Juppé, naturellement, se rend compte de tout cela. C'est lui d'ailleurs qui, le premier, identifie l'origine des maux du nouveau pouvoir : « Ma difficulté, constate-t-il, c'est le décalage entre les promesses de Chirac et la réalité du pays. » « Juppé n'a jamais cru au baratin sur la fracture sociale », confirme un des amis du premier ministre. Et si le président utilise encore les mots de la campagne présidentielle, Dominique de Villepin à l'Elysée et Alain Juppé à Matignon savent bien qu'il faudra revenir à plus d'orthodoxie.

Dans le flottement général qui préside à l'installation du nouveau pouvoir, la seule balise solide vient encore… de l'administration. Les hommes et les femmes qui peuplent les cabinets ministériels n'ont guère changé depuis deux ans. Ils n'ont guère changé depuis dix ans, même. Ce sont les mêmes costumes qui glissent dans les couloirs de Bercy, de la place Beauvau, du ministère des Affaires sociales. Les grands commis qui tiennent, dans l'ombre des élus et des ministres, les rouages de l'administration française étaient déjà là sous Mitterrand, parfois même sous Giscard. « Lorsqu'on cherche des types capables de comprendre l'industrie, les finances, ou de suivre la réforme de la Sécurité sociale, on tombe assez vite sur le vivier qui compose depuis toujours l'administration », avance Maurice Gourdault-Montagne, alors à Matignon.

La revanche des technocrates

Chirac avait juré, pendant la campagne électorale, d'en finir avec la technocratie ? Juppé s'aperçoit justement qu'elle est la seule à pouvoir suppléer à la légèreté de son gouvernement. Officiellement, les ministres ont été priés de réduire leurs équipes. En réalité, les vieux briscards de la politique n'ont évidemment pas suivi la consigne. Officiellement, le premier ministre assure qu'il veut réhabiliter le pouvoir de décision des politiques. En réalité, il utilise, dès son installation, une escouade de hauts fonctionnaires pour maîtriser son gouvernement. Sur les quatorze premiers membres du cabinet d'Alain Juppé, huit sont énarques et deux sont polytechniciens.

Pour plus d'efficacité, le premier ministre a également entrepris de « cadrer » ses ministres. Il a proposé, et parfois imposé, des directeurs de cabinet à la plupart des jeunes membres de son gouvernement, aux femmes ainsi qu'à certains UDF. Les technocrates promus sont certes brillants et sans doute compétents, mais tous ont été formés au même moule. Sur les quarante-trois directeurs de cabinet du gouvernement, trente sont énarques et six polytechniciens…

Naturellement, un tel système ne peut que se gripper. Ensevelis sous leurs dossiers, les ministres ont toutes les peines du monde à diriger ces hauts fonctionnaires. Les discussions politiques sont inexistantes et les membres du gouvernement ont l'impression que tout se passe par-dessus leur tête.

« Elle a dit oui, mais vous devriez voir ça… »

C'est Elisabeth Hubert qui, la première, fait les frais de cette discrète mais ferme reprise en main. Le premier heurt concerne la campagne d'affichage prévue dans le cadre de la lutte contre le sida. Avalisées par son prédécesseur à la Santé, Philippe Douste-Blazy, les affiches vont nettement plus loin qu'à l'habitude. On y parle pour la première fois d'homosexualité et de cunnilingus. La jeune ministre a donné son aval. Rien ne l'a particulièrement choquée : médecin, elle préfère aborder les problèmes de face. Et elle n'a pas imaginé une seule seconde qu'il faudrait en référer à Matignon. Seulement voilà, les conseillers du premier ministre veillent. « La campagne va un peu trop loin, a-t-on soufflé à Juppé. Les photos… les mots… Elisabeth a donné son feu vert, mais vous devriez voir ça. » Elisabeth a été convoquée.

— Non, mais regarde ça ! Tu te rends compte ! Tu lances une campagne impossible, toute seule sans rien dire. Ça ne va pas ou quoi ?

— Ecoute, on voit deux types qui prennent leur café ensemble, ce sont des homosexuels et alors ? Tu veux que je t'explique le problème du sida ? Et puis, ce n'est pas parce que l'on montre des homosexuels que l'on crée des disciples de l'homosexualité.

— Mais regarde cette affiche ! Il y a un type avec une seringue !

— Naturellement, le problème du sida, ce sont aussi les toxicomanes…

— Impossible de laisser passer ça. Avec des trucs dans ce genre, il ne faut pas s'étonner que le Front national progresse. Tu retires cette campagne sur-le-champ.

— Mais c'est impossible, tout est déjà programmé !

— Tu fais ce que je te dis, sinon, je t'en tiendrai personnellement responsable.

Le cabinet du premier ministre veillera à ce que tout rentre dans l'ordre.

Ce tour de vis technocratique n'est pas du goût de tout le monde, mais qu'y faire ? Hervé Gaymard, le jeune secrétaire d'Etat auprès du ministre des Finances, s'en est inquiété dès les premiers jours. Alors même que se constituaient les équipes, il a téléphoné à Jacques Chirac pour l'avertir que l'on était en train de remettre en marche les réseaux habituels du pouvoir. « Monsieur le président, il faut que vous sachiez ce qui arrive. » Et il a tout révélé. Les abandons et les passe-droits, les jeunes messieurs qui entrent dans les cabinets Chirac en sortant des cabinets Balladur, le clan des hauts fonctionnaires et des polytechniciens, la reproduction à l'infini d'un système éprouvé, en somme. Gaymard n'a rien contre l'Ena : il y a fait ses classes. Mais il a organisé pour le candidat Chirac les groupes de travail qui ont alimenté sa campagne. Or, au moment où se constituent les équipes du nouveau pouvoir, aucun des hommes et des femmes qui l'avaient épaulé ne partage les fruits de la victoire. La « technostructure », comme dit Chirac, est revenue en force dans l'équipe du président, de son premier ministre et de son gouvernement.

« Juppé est lui-même un haut fonctionnaire et il a mis longtemps à prendre conscience du problème, affirme aujourd'hui son ami Jean-Jacques de Peretti. Et pourtant, dans toute cette période-là, il était clair que l'administration protégeait d'abord ses réseaux et ses intérêts. » « Au fond, le grand défaut des hauts fonctionnaires, c'est d'avoir un complexe de supériorité par rapport aux ministres, renchérit Jean-Pierre Raffarin. Cette nomenklatura composée de technocrates, de techniciens de cabinet et de directeurs d'administration, ne respecte vraiment que le président de la République. »

Le président ? Pour l'heure, il laisse faire. Il a juré à son premier ministre qu'il lui donnerait une entière liberté.

5

Les cent jours de Madelin

Depuis qu'il s'est installé dans son moderne ministère de Bercy, Alain Madelin voit s'entasser sur son bureau un mètre de dossiers toutes les deux heures. Une pile qui se reconstitue à mesure qu'il l'attaque. « Monsieur le ministre, la Direction des douanes attend votre feu vert sur cette question pour midi... » « Oui, c'est urgent, si l'on ne débloque pas les fonds promis, le PDG menace de licencier 200 personnes... » Le long des couloirs aux nuances de bois et de vanille, éclairés de miroirs où se reflète la Seine, c'est un ballet permanent d'huissiers portant des brassées de paperasses de toute sorte.

Désarçonné les premiers jours, le fougueux ministre de l'Economie a fini par trouver la parade. Désormais, il consacre cinq minutes de lecture en diagonale à chaque nouveau dossier, qu'il renvoie par huissier en direction de son point de départ, annoté d'un sibyllin « Intéressant. M'en dire plus... » Convaincu qu'il traversera ainsi avec succès l'épreuve de bizutage que lui imposent ses services. « On voulait me contraindre à déléguer systématiquement, et donc à renoncer à mon contrôle, s'amuse-t-il. Mais je pense avoir épuisé la bête assez rapidement… »

De fait, rarement nouveau ministre a été accueilli aussi fraîchement par son administration. Lorsque, le 18 mai, Alain Madelin a posé le pied dans son ministère, sa terrible réputation l'a déjà précédé. On le sait ultralibéral. On le dit surtout chargé de « restructurer » un ministère qui, avec ses 177 000 agents et ses 12 directions verrouillées par des centaines d'énarques est jugé ingouvernable par Jacques Chirac lui-même…

Avant même qu'il ne dépose ses bagages, les syndicalistes de la maison se sont donc chargés de diffuser ses états de service dans les couloirs. Au ministère de l'Industrie, entre 1986 et 1988, Madelin a été le seul membre du gouvernement à proposer une réduction de son propre budget, au nom de la chasse aux dépenses inutiles. Rebaptisé « Grenelle consulting group », sur le modèle d'un célèbre cabinet de consultants américains, le ministère de l'Industrie a dû réduire son train de vie de 5 milliards de francs en deux ans. Quant aux cadres de l'administration centrale, ils ont découvert avec stupéfaction que l'on organisait des séances de brain-storming animées par des patrons libéraux comme Vincent Bolloré ou Gilbert Trigano… On imagine sans peine les haut-le-cœur des hauts fonctionnaires de Bercy.

« Chirac adore ce type »

Pour désarmorcer ce champ de mines, Madelin a contre-attaqué en faisant passer un message rassurant :

sa priorité est la réforme du pays, pas la réforme de Bercy. Pour le reste, il compte largement sur son charme personnel, sa manière directe de travailler et sa culture économique.

Madelin, c'est un peu l'anti-Juppé. Une grande séduction, le goût de la polémique, un maître dans l'art du « bordel organisé », disent ses amis. La politique lui plaît surtout parce qu'elle lui permet d'appliquer ses idées. Il a toujours aimé écrire des pages de programmes jamais appliqués, il lit des théoriciens étrangers avec avidité. Edouard Balladur lui disait souvent, au temps où Madelin était son ministre des Entreprises : « Vous avez intellectuellement raison, mon cher Alain. » Mais il rangeait les propositions du « cher Alain » dans un tiroir, avec son mouchoir dessus.

Pour le reste, Madelin s'est longtemps moqué des stratégies de pouvoir. Il n'a guère d'atomes crochus avec Juppé. « Politiquement, stratégiquement, intellectuellement, ils sont extraordinairement différents, explique Jean-Pierre Raffarin, qui les côtoie quotidiennement. Juppé est passé par le Quai d'Orsay. Il est policé. Madelin est un homme formidable, mais bougon. Il peut entraîner une équipe mais il peut aussi ne pas vous dire bonjour en vous croisant… »

Chirac, lui, en est fou. « Il adore ce type », reconnaissent avec surprise les collaborateurs de Juppé. Madelin le fait rire, le stimule intellectuellement et, surtout, a le mérite d'avoir été un complice des moments difficiles. « Il y avait Juppé d'un côté, Séguin de l'autre. Je me suis mis entre les deux », affirme l'intéressé lui-même. Il ne croit pas si bien dire. Seulement voilà, il n'appartient pas à la famille RPR. Et cela compte en politique.

Dans la chaleur de Bercy

En attendant, il fait très vite souffler dans les couloirs sans fin de Bercy la chaleur des tribunes de la campagne électorale. « Une fois l'effet de surprise passé, Madelin a captivé les fonctionnaires en lançant de grands débats théoriques dans les bureaux », se souvient aujourd'hui Hervé Gaymard. Capable de citer Keynes dans le texte, le nouveau ministre n'a aucun tabou. Il disserte sur la récession économique et s'offre le luxe de contester, dans le saint des saints, l'analyse de la direction du Trésor et de la Banque de France ! D'abord déboussolés, certains chefs de services et directeurs ont fini par affûter leurs arguments pour riposter. Un débat parfois iconoclaste s'est installé. Même le président s'en amuse, lui qui s'agace du moindre commentaire de Jean-Claude Trichet [1].

Alain Juppé, toutefois, a tenté d'emblée de le cadrer. Madelin aurait volontiers choisi, pour diriger son cabinet, Jean-Frédéric de Leusse, son ex-directeur de cabinet au ministère des Entreprises, entre 1993 et 1995. Mais ce polytechnicien passé par l'Ena ne connaît pas assez bien Bercy. C'est donc Jean Lemierre, chaudement recommandé par Matignon, qui a été retenu. A 45 ans, cet inspecteur des finances dirige depuis six ans

---

1. Jean-Claude Trichet, directeur de la Banque de France, est le grand défenseur du franc fort.

la prestigieuse Direction générale des impôts (DGI) et ses 80 000 agents. Lemierre est l'un des plus anciens fonctionnaires de Bercy dans le grade le plus élevé. A la fois le connétable et le maréchal du palais. L'homme inspire le respect et surtout la crainte : dans son bureau, assure-t-on, aucun fonctionnaire n'ose s'approcher à moins de trois mètres de lui.

Entre les deux hommes, le courant finit par passer. Est-ce leur origine modeste qui les rapproche ? Lemierre parle au compte-gouttes et ne tutoie personne, mais Alain Madelin lui a imposé le « tu » au bout d'une semaine. Que Lemierre frappe à la porte de son bureau, et voilà aussitôt le ministre qui s'écrie : « Mais entre, Jean, entre donc... » « Un couple improbable, inattendu », sourit encore Hervé Gaymard. C'est pourtant ce couple qui est chargé de la tâche la plus difficile du gouvernement.

La douche froide des déficits

En investissant leurs bureaux, Alain Madelin et François d'Aubert, en charge du Budget, n'ont appris que des mauvaises nouvelles. Le montant réel des déficits est largement supérieur à ce qui était prévu. Edouard Balladur et Nicolas Sarkozy ont laissé une grenade dégoupillée dans les tiroirs. « Un héritage calamiteux », dira Alain Juppé.

Certes, l'équipe chiraquienne s'attendait depuis des semaines à découvrir un dérapage des dépenses. Les renseignements pris à la veille du premier tour dans l'entourage de hauts fonctionnaires comme Christian

Noyer, directeur du Trésor, étaient trop pessimistes pour ne rien laisser supposer. Mais les premières notes émises par la direction générale du Budget sont une vraie douche froide. « Nous pensions être à moins 15 milliards de francs par rapport à la pente normale du déficit, se souvient Jean-Frédéric de Leusse, nommé directeur adjoint du cabinet de Madelin. Mais nous avons découvert que nous étions déjà à moins 60 milliards. » En fait, 325 milliards de francs de déficit budgétaire, au lieu des 275 milliards annoncés par l'entourage de Balladur… Si l'on en croit la nouvelle équipe, les recettes des privatisations, notamment, ont été largement surévaluées. « A la mi-1995, précise encore Jean-Frédéric de Leusse, seuls 5 des 55 milliards de francs inscrits au budget de l'année 1995 étaient entrés dans les caisses de l'Etat. » La situation est beaucoup plus grave que prévu.

Pour Madelin, ces indicateurs confirment ses thèses : la France traverse bien une phase déflationniste qui peut l'entraîner dans la récession économique. Ses services annoncent des rentrées fiscales médiocres. La hausse de la charge de la dette, entraînée par l'évolution des taux d'intérêt, impose des économies importantes. Son plan est simple : il faut rassurer les marchés financiers et négocier avec la Banque de France une baisse rapide des taux. Si elle veut aller vers la monnaie unique, la France doit contenir son déficit et engager au plus tôt des réformes pour maîtriser les déficits sociaux. C'est la très raide théorie du « 5, 4, 3 » : 5 % de déficits publics dès 1995, 4 % en 1996 et 3 % en 1997, afin d'être prêt à temps pour respecter les critères du traité européen de Maastricht.

Du coup, François d'Aubert, dont le bureau est orné d'un énorme tableau représentant l'*Eloge de l'avarice* prépare un budget de crise.

Le premier clash

Alain Madelin fait part de son analyse à Alain Juppé. Sans grand succès. Alain Juppé refuse tout ce qui ressemble à une doctrine et sa méthode est inverse de celle de Madelin. Idéologue et militant, le ministre de l'Economie croit à la force des convictions pour modifier la réalité. Bosseur et précis, le premier ministre absorbe tous les dossiers avant d'arrêter sa religion.

Sur l'option économique et budgétaire à prendre, il est donc hésitant. Quoi de plus normal, lorsqu'on doit engager l'avenir du pays ? Il ne dit pas que la cure amaigrissante prônée par Alain Madelin est une mauvaise idée. Mais il n'est pas certain non plus qu'il a raison. Et puis, au fond, Alain Juppé n'accorde qu'un crédit relatif à cette histoire de baisse des recettes fiscales.

Depuis la première cohabitation, en effet, il se méfie des prévisions de l'Administration française. Ministre du Budget de Jacques Chirac, de 1986 à 1988, il garde l'impression cuisante d'avoir été « baladé » par ses propres services. Entre 1987 et 1988, la croissance économique s'était en effet fortement accélérée, dopant les rentrées fiscales. Or, les services avaient prévu l'inverse et annoncé des rentrées laborieuses. Depuis, Alain Juppé et Jacques Chirac vivent dans l'idée que les économies auxquelles ils se sont astreints, lors de la première cohabitation, leur ont coûté les élections en 1988.

Leur analyse est sans doute excessive, mais ils jureraient que les grandes directions, par excès de prudence ou par calcul, minorent systématiquement les prévisions de recettes.

Deuxième élément invoqué par Juppé : il ne veut pas apparaître comme le premier ministre qui coupe tous les crédits sitôt en place. Or, à la mi-1995, les indicateurs économiques annoncent une croissance de 2,8 %. Ce qui n'est pas si mal. Et s'il souhaite tailler dans les dépenses publiques, Alain Juppé a aussi d'autres priorités.

Aiguillonné par le président de la République, le premier ministre sait qu'il doit honorer les engagements du candidat Chirac. Notamment la réduction de la fameuse fracture sociale. A l'inverse, la réduction brutale du nombre des fonctionnaires prônée par Madelin pour limiter les dépenses a toutes les chances de mettre la France dans la rue. Aussi le premier ministre s'interroge-t-il sur l'opportunité de laisser filer modérément les déficits, pour éviter une crise sociale importante. Quitte à annoncer au pays et à l'Europe que la France attendra une année de plus avant de satisfaire aux conditions imposées par Maastricht.

« Notre religion sur les déficits n'était pas arrêtée, se souvient Maurice Gourdault-Montagne, qui dirige alors le cabinet d'Alain Juppé. Jusqu'au 22 juin 1995, nous avons eu plusieurs réunions sur ce point. Madelin était clairement pour le 5, 4, 3. Juppé avait envie d'adoucir la pente en faisant 6, 5, 4, 3. C'est-à-dire 6 % de déficit en 1995, 5 % en 1996, 4 % en 1997 et 3 % en 1998. Mais il savait aussi que ce choix présentait un handicap : en annonçant un étirement de son calendrier, la

France pouvait créer les conditions d'un décrochement entre le franc et le mark et risquait de provoquer une crise européenne majeure. »

L'erreur de Madelin

C'est à ce moment que Madelin commet sa première erreur politique. Certain d'avoir raison, convaincu qu'il engage ses convictions et l'avenir de l'Europe dans un bras de fer avec le premier ministre, le ministre de l'Economie décide d'en appeler directement au président de la République. Dramatisant ainsi largement ce qui n'est encore qu'une confrontation d'analyses. Alain Juppé, dont la religion n'est pas faite, réfléchit encore lorsqu'il apprend que son ministre réclame un arbitrage par-dessus sa tête. Madelin, soucieux d'emporter la décision, vient en effet de faire savoir aux conseillers de Matignon qu'il a écrit une lettre au chef de l'Etat.

Le sommet du G7, qui se tient les 16 et 17 juin 1995 à Halifax, aux Etats-Unis, fournit le terrain de la discussion formelle entre le président et son ministre de l'Economie. Les deux hommes se retrouvent avec plaisir. Pour la première fois depuis l'élection présidentielle, ils disposent enfin d'un peu de temps pour échanger des idées en direct. Face au président et en l'absence d'Alain Juppé, Alain Madelin retrouve le ton convaincant de la campagne. Il argumente, explique qu'il serait suicidaire de laisser dériver les déficits et Chirac écoute, sensible à ses arguments. Lui aussi souhaite par-dessus tout éviter une crise européenne majeure et refuse un décrochage du franc. De retour à Paris, il tranche en faveur de Madelin. La nouvelle se répand comme une traînée de poudre à l'intérieur des seuls ministères : le président est favorable à la limitation du déficit de l'Etat.

Cet avis est loin d'être un désaveu pour Juppé. Après tout, celui-ci sait aussi qu'il vaut mieux pour l'avenir choisir de ne pas retarder la construction européenne. Mais l'initiative de son ministre l'exaspère. Jusque-là, Madelin l'agaçait, désormais, il va s'en méfier.

La rivalité de deux personnalités

Dès avant l'élection, Alain Juppé a cru voir en Madelin un rival. Bien sûr, il ne doute pas de la confiance du chef de l'Etat à son égard, mais il s'emporte chaque fois qu'il entend « l'autre » faire état de son engagement précoce aux côtés du candidat RPR. Le voir à Bercy est un aiguillon de chaque instant : depuis Giscard et Bérégovoy, tout premier ministre sait bien que le ministre de l'Economie peut aisément se transformer en vice-premier ministre.

En réalité, Madelin n'est pas un stratège du pouvoir. Au fond, il n'a jamais appliqué la tactique susceptible de lui ouvrir les portes de Matignon. Mais inconscient ou provocateur, il laisse volontiers planer le doute sur la réalité de ses ambitions. Dès avant sa nomination, il a adressé à Jacques Chirac un document baptisé « plan des 100 jours ». A l'intérieur de ce texte, sont détaillés plusieurs scénarios économiques, validés par des études de motivation et d'opinion, ainsi qu'un programme des réformes à mener. Budget 1996, Sécurité sociale,

SNCF, droit de la concurrence, tout y est, y compris les « bombes à retardement » à désamorcer en priorité. Madelin en a identifié deux : l'Université et la Fonction publique. Le plan des 100 jours est si complet qu'il ressemble trait pour trait à un programme de gouvernement. Un seul détail pose problème : Madelin n'est en charge « que » de l'Economie. Or, en adressant ses réflexions au président de la République, il a oublié d'en faire porter une copie au premier ministre...

Le résultat ? Alain Juppé est décidé à le tenir en respect dans son seul domaine. Il a pris soin de le garder éloigné de la rédaction de son discours de politique générale. Seuls ses proches conseillers, Pierre-Mathieu Duhamel, Maurice Gourdault-Montagne, Yves Cabana et Antoine Durrleman ont eu le droit de nourrir le précieux texte. Lorsque Alain Madelin, lui a proposé de lui faire passer quelques notes pour l'aider, il s'est entendu répondre courtoisement : « C'est bien aimable à toi. » Mais le locataire de Bercy ne retrouve pas une ligne de ses conseils dans le discours que tient Juppé devant le Parlement.

Un collectif budgétaire explosif

Parallèlement aux discussions divergentes sur les déficits, les désaccords vont s'accumuler entre les deux hommes.

Car Alain Juppé a décidé de passer à l'action, en proposant son ambitieux programme d'action aux Français. Le problème, c'est que le ministre de l'Economie découvre qu'il est en désaccord avec l'essentiel des mesures contenues dans le plan du premier ministre.

Le 22 juin 1995, Alain Juppé présente lui-même le collectif budgétaire et son plan emploi. En cela, il rompt avec les usages de la Ve République, qui attribuent cette mission au ministre de l'Economie et des Finances. Bien sûr, Matignon s'est empressé de désamorcer l'affaire. « C'est l'importance du plan qui réclamait la présence du premier ministre… », assure-t-on rue de Varenne. Il n'empêche : hausse de la TVA, accroissement de 10 % de l'impôt sur la fortune et de l'impôt sur les sociétés… Les derniers arbitrages ont été arrêtés le 18 juin lors d'un dîner de travail à l'Elysée auquel Alain Madelin ne participait pas…

CIE, Smic, charges : trois gifles pour Madelin

Plus le temps passe, plus Madelin se plaint de ne rien retrouver de ses idées. A trois reprises, il décide de monter au créneau. A trois reprises, il va être désavoué. La définition du fameux contrat initiative emploi (CIE) se passe mal. Inventé par Madelin au cours de la campagne, le CIE permettait, dans la tête de son auteur, d'offrir une baisse de charges importante aux entreprises qui créaient une activité nouvelle, ou qui investissaient. « Pour nous, il s'agissait d'un mécanisme incitatif, léger et peu coûteux pour la collectivité, se souvient Jean-Frédéric de Leusse. Nous comptions sur 20 000 ou 30 000 CIE au maximum. »

Tel n'est pas l'avis d'Alain Juppé. Pour relancer l'offensive contre le chômage, le chef du gouvernement veut une annonce spectaculaire, qui frappe l'opinion. Les premiers arbitrages interministériels sont très disputés. Au final, Juppé transforme le CIE expérimental version Madelin en un coûteux chapelet de primes liées à l'embauche de chômeurs de longue durée. Premier désaveu.

Deuxième terrain d'affrontement, la hausse du Smic et la baisse des charges sociales. Madelin ne cache pas qu'il est hostile aux deux formules. Mais, là encore, Alain Juppé souhaite adresser un signe fort aux Français. Comment abolir le salaire minimum quand on a tenu le discours social de Chirac ? Cette fois soutenu par l'Elysée, Matignon décide donc le contraire de ce que prône Madelin et relève le Smic de 4 % à partir du 1er juillet 1995.

Des délégations du CNPF font aussitôt le siège de Matignon et de Bercy pour réclamer une compensation, sous forme de baisse des charges. Depuis son bureau, Madelin s'étrangle. Par principe, il refuse toute baisse globale des charges dans le cadre de ce budget. Ses collaborateurs abreuvent Matignon de notes, mais rien n'y fait. Le « plan Juppé » inclut finalement 5,4 milliards de francs de baisse des charges dans le cadre du dispositif en faveur des jeunes.

« Madelin est devenu incontrôlable »

Trois batailles, trois défaites, en moins d'un mois… Madelin sent ses certitudes se déliter. Face à lui, il bute sans relâche sur un premier ministre qu'il juge hautain et méprisant. Mais les dossiers s'empilent sur son bureau et il s'enlise dans la gestion du quotidien.

Bientôt, rien ne marche plus entre les deux Alain. La fin du vote du collectif et les derniers arbitrages interministériels sur le budget 1996, fin juillet et début août 1995, se sont déroulés dans un climat exécrable. A Bercy comme à Matignon, tout le monde est inquiet. Il y a un problème relationnel entre les deux hommes.

Madelin manque de plus en plus souvent les comités interministériels, notamment s'il sait que Juppé n'y sera pas. Et lorsqu'il y assiste, toute son attitude plaide encore l'absence. « Madelin semblait ne plus écouter Juppé », se souvient Jean-Pierre Raffarin, alors ministre des PME, qui assiste ennuyé à la dégradation de leurs relations. En réunion, lorsque le premier ministre parle, le ministre de l'Economie, qui est arrivé avec une pile de dossiers, lit ses papiers, surligne des documents, signe son courrier. Un homme aussi susceptible qu'Alain Juppé ne peut le supporter.

Madelin, lui, affiche de plus en plus ostensiblement sa mauvaise humeur. Au fond, il reconnaît de moins en moins la légitimité du premier ministre et répète désormais à qui veut l'entendre que si Alain Juppé est à Matignon, il y est tout de même pour quelque chose…

De plus en plus retranché dans son fief de Bercy, le ministre a en fait décidé d'avancer seul sur ses propres chantiers. Il a demandé à ses troupes de plancher sur les charges sociales, la fiscalité locale, la transmission des entreprises, les fonds de pension… « Madelin est très inventif, mais les services ne suivaient pas forcément, se souvient son ami François d'Aubert, alors en charge du Budget. Alain n'a par exemple jamais réussi à obtenir de la Direction des impôts les études sur les niches fiscales qu'il avait demandées... » Résultat, il prend quinze jours de retard sur l'élaboration du budget 1996 et commence à inquiéter sérieusement Matignon sur sa capacité à présenter ce qui lui a été demandé.

Politiquement, il est devenu incontrôlable. Et Juppé n'a plus de cesse que d'allumer des contre-feux. Le 30 juin, devant un parterre de chefs d'entreprise, Madelin a évoqué sans prévenir la création de fonds de pension, en complément des régimes de retraite existants. Pour le ministre, ce projet, qui figure dans le programme du candidat Chirac, doit être inscrit dans le budget 1996. « C'est urgent », précise-t-il. Le 5 juillet, une semaine plus tard, c'est Colette Codaccioni, ministre de la Solidarité entre les générations, qui est envoyée par Matignon pour le désavouer publiquement. « Le premier ministre, assure-t-elle, n'a retenu la mise en place de fonds de pension ni dans sa déclaration de politique générale, ni dans les lettres de mission envoyées aux ministres concernés. »

Evoque-t-il publiquement la réforme de la transmission d'entreprise, un autre de ses dadas, également inscrit dans le programme du candidat Chirac ? Matignon le contredit aussitôt par un communiqué des plus secs : « La réforme des transmissions d'entreprise ne figure pas au rang des priorités actuelles. » A la mi-juillet, le bouillant ministre revient à la charge sur le traitement des agents de l'Etat et évoque le gel des salaires des fonctionnaires. La réponse de Matignon est immédiate : les positions sur cette question ne sont pas « homogènes »...

«Docteur Nimbus...»

Comment Alain Juppé ne serait-il pas excédé par l'attitude de son ministre ? Alors qu'il s'attache à prendre les problèmes les uns après les autres afin de mieux régler le tombereau de difficultés qui assaillent chaque jour Matignon, il se plaint d'être sans cesse gêné par celui qui devrait au contraire le décharger.

Son entourage achève de le plonger dans le doute. «Bercy n'est pas en ordre de bataille, Madelin est désordonné», soufflent désormais les technocrates. «C'est le professeur Nimbus, il vit noyé sous ses dossiers, mais rien ne sort...», dit-on dans les couloirs de Matignon. «Il y avait un problème de fuites, se souvient également Agathe Sanson qui voit, aux côtés d'Alain Juppé, monter la tension. Avec Madelin, les notes des hauts fonctionnaires de Bercy se retrouvaient automatiquement dans la presse le lendemain...» «Madelin a des qualités, juge pour sa part Jérôme Monod, patron de la puissante Lyonnaise des eaux et grand ami de Jacques Chirac, mais il est incapable de commander une administration. Pour être ministre, il faut pouvoir faire partie d'une équipe. On ne peut pas ne pas être dans la ligne. Il faut un minimum de discipline.» Entre les deux Alain, le choc frontal est inévitable. Il va se produire sur le terrain de la réforme fiscale, encore un cheval de bataille d'Alain Madelin.

Excédé par les retoquades dont il s'estime victime, le ministre a décidé de préparer lui-même la grande réforme qu'il juge nécessaire pour la rentrée. Il veut attaquer de front la rénovation de la Sécurité sociale, la diminution du nombre des fonctionnaires, la réforme fiscale et la réforme du budget… Il souhaite tout remettre à plat, fondre la contribution sociale généralisée (CSG) dans une première tranche d'impôt sur le revenu, retenue à la source et payée par tous les Français. « Blondel est d'accord », assure-t-il avec enthousiasme à son entourage. Il agite des objectifs ambitieux : en supprimant 40 milliards de francs d'abattements et de niches fiscales diverses, sa réforme permettra de baisser le barème d'impôt sur le revenu de 20 à 25 % pour tous les Français. Et tout cela dès 1996…

Rétention d'information

En réalité, il a fait plancher ses services sur deux schémas de réforme fiscale : un scénario avec réforme sociale incluse, l'autre sans réforme sociale. Mais, à sa demande, les services de Bercy ne communiquent pas toutes leurs projections et simulations aux conseillers de Matignon. Pourquoi ? Parce que Madelin veut une explication politique avec Juppé. Il rêve de le convaincre en un combat singulier, sur le terrain qu'il a choisi : celui des idées. « Selon qu'il y a ou non réforme sociale, cela change l'architecture de la réforme fiscale, explique l'ancien ministre. Et de cela, je souhaitais m'expliquer seul à seul avec Juppé. Les conseillers n'ont pas à trancher les questions politiques. »

Lorsque, au cours de la première quinzaine du mois d'août, il fait part de ses intentions à Alain Juppé, Madelin croit d'abord qu'il l'a convaincu. Juppé ne paraît pas hostile au principe d'un effet choc produit dès septembre. Et surtout, le président de la République lui a fait passer un message encourageant. « Tu as raison, lui a expliqué le chef de l'Etat, il faut recadrer la politique du gouvernement. Voyons-nous avec Juppé tous les trois cet été à Brégançon, lors du week-end du 15 août… Nous mettrons tout cela au point… » Tous les trois ? « J'ai un peu de métier politique, affirme aujourd'hui Madelin. J'ai tout de suite pensé que les ennuis arrivaient : réunir un premier ministre et un vice-premier ministre à Brégançon, cela ne pouvait donner lieu qu'à une explication. »

Le rendez-vous manqué de Brégançon

Il ne se trompe pas. Une semaine plus tard, le président évoque un léger changement de programme. « Tu viendras juste après Alain, a-t-il proposé à Madelin. Juppé souhaite que nous parlions d'abord tous les deux. Seuls. » Le week-end du 15 août, Alain Madelin est donc parti quelques jours pour les Antilles, se reposer en famille. Mais son cabinet lui a réservé un vol de retour par jour, afin de pouvoir revenir en métropole dès que Chirac lui donnera le signal. Cinq jours s'écoulent, sans nouvelles de Brégançon, où Alain Juppé, lui, s'est rendu. Le président n'a pas appelé.

Lorsque le premier ministre et son ministre de l'Economie se retrouvent à Paris, aux environs du 19 août, Alain Juppé a changé d'avis. Il a décidé de reporter à plus tard l'annonce de la réforme de la Sécurité sociale, et d'ajourner la réforme fiscale jusqu'en 1997. Il ne veut pas, explique-t-il, brutaliser le pays.

En réalité, Juppé est inquiet. Il s'est rendu compte qu'il ne possède toujours pas le détail de la grande réforme fiscale du septennat, qu'il est censé annoncer le 20 septembre… Même le directeur de cabinet de Madelin, le méticuleux Jean Lemierre, pris entre son ministre et l'administration, semble débordé. Juppé décide de faire marche arrière.

« Sur la réforme fiscale, corrige aujourd'hui Jean-Frédéric de Leusse, le directeur adjoint du cabinet d'Alain Madelin, le chemin était balisé pour la première année. Il n'y avait que des problèmes d'ajustement de barème à régler, quinze jours de travail tout au plus. » Mais le conseiller de Madelin reconnaît que les propositions pour la réforme de l'Etat n'existaient qu'à l'état embryonnaire. Quant aux chantiers de la SNCF et des retraites, ils ont tout simplement été laissés de côté.

« Moi aussi, j'ai l'intention de m'exprimer »

Pour éviter de s'affronter en public, Madelin et Juppé ont pris l'habitude d'instaurer un déjeuner hebdomadaire, qui leur permet de vider leur sac. Mais ce 22 août 1995, les quelques ministres qui assistent à la rencontre remarquent que la tension entre les deux hommes a encore monté d'un cran. Madelin a préparé un argumentaire sur la réforme fiscale et réitère avec passion l'idée qu'il faut frapper fort à la rentrée. Alain Juppé, lui, confirme qu'il souhaite entamer une large concertation avant d'annoncer ses réformes. Il réclame le silence à ses ministres jusqu'au dimanche suivant, date à laquelle il doit venir s'expliquer à la télévision. « Moi aussi, j'ai l'intention de m'exprimer », annonce, bougon, Alain Madelin.

Le ministre de l'Economie a le sentiment d'avoir beaucoup cédé à Juppé. Trop. Il repasse les arbitrages en revue, tous ses combats perdus contre un premier ministre cassant. Il veut conserver sa liberté de parole et peser sur la ligne du gouvernement. L'occasion est toute trouvée. Il doit être, deux jours plus tard, l'invité d'Europe 1.

« Nous avons préparé cette intervention phrase après phrase, se souvient Jean-Frédéric de Leusse. L'idée de Madelin était simple : intensifier le rapport de force avec Juppé et remettre la réforme fiscale sur les rails. » Le mercredi 23 août, François Léotard, qui dîne avec lui, s'étonne de le voir si « exalté ». « Il a passé deux heures à me brosser un tableau d'où il ressortait qu'il avait la confiance de Juppé, qu'il lui avait tracé la ligne des réformes à faire et qu'il serait ainsi le plus grand ministre de l'Economie qu'ait jamais connu la Ve République. » Le lendemain matin, Madelin passe à l'action. Sur l'antenne de la radio privée, ce 24 août, il déballe son sac. Pour commencer, il dénonce les inégalités entre le système des retraites des fonctionnaires et le régime des salariés du secteur privé. Puis il assure que le gouvernement envisage de demander aux cinq millions et demi d'actifs du secteur public de travailler plus longtemps. Il s'attaque ensuite aux privilèges fiscaux, dénonce les avantages acquis, s'en prend à ceux qui cumulent le RMI et d'autres aides. « Est-il normal qu'une famille, avec deux enfants, au RMI et touchant l'ensemble des prestations sociales, gagne davantage qu'un salarié au Smic ? » interroge enfin Madelin.

Le ministre de l'Economie pensait provoquer des remous. C'est un ouragan. Marc Blondel, le patron de FO, Louis Viannet, pour la CGT, Henri Emmanuelli au nom des socialistes, c'est une vraie tempête syndicale et politique. A quelques jours de la rencontre entre le gouvernement et les partenaires sociaux, le ton de la rentrée est donné... Pourtant, à Matignon, rien ne bouge. Et l'Elysée ne réagit pas davantage.

« Si tu veux le divorce... »

La contre-offensive ne démarre que le lendemain, un vendredi. C'est Alain Juppé qui, de Bordeaux, prend l'initiative de téléphoner à Alain Madelin. La conversation tourne à l'aigre. « Je ne comprends pas pourquoi tu as fait ces déclarations. Cela provoque un pataquès épouvantable », s'emporte le premier ministre. « Il m'a engueulé comme un gamin, mais j'ai passé l'âge, raconte Madelin. Je lui ai répondu sur le même ton : “Si tu veux le divorce, on divorce.” » Et les deux hommes raccrochent, furieux.

Quelques minutes plus tard, Madelin reçoit Jean-Frédéric de Leusse pour une réunion de travail. Madelin est tendu. « Je viens d'avoir Juppé au téléphone, explique-t-il à son collaborateur. Méfions-nous. Ce type est tordu et il nous fera des difficultés dans les trois semaines. » Madelin prend pourtant la route pour rejoindre sa ville de Redon, en Bretagne, où il est attendu à des comices agricoles.

Alain Juppé, de son côté, a appelé Dominique de Villepin à l'Elysée dès la fin de sa conversation avec Madelin. Et les deux hommes ont décidé d'en terminer avec ce ministre incontrôlable. Villepin est aussi remonté que Juppé. Il se chargera d'appuyer la requête du premier ministre. Un coup de fil à Brégançon suffit pour réclamer à Jacques Chirac la tête du ministre de l'Economie. Il est 10 heures du matin.

Chirac n'a pas réfléchi très longtemps. Le président aime bien Madelin. Il le trouve chaleureux, intelligent. Mais il le sait solitaire et doté d'un caractère difficile. Chirac apprécie aussi que les hommes exécutent ce qu'on leur demande et il ne peut que constater que le ministre de l'Economie et des Finances a décidé de défendre ses propres thèses, ses seules doctrines. D'une certaine façon, Chirac acceptait que Madelin garde le pouvoir de la pensée. Maintenant qu'il réclame les outils et les codes pour mettre ses convictions en pratique, il ne peut l'accepter. Il ne peut admettre non plus que l'on puisse menacer le bel ordonnancement de son tandem. Juppé est contesté ? Il faut le protéger. Il donne donc son feu vert.

« J'accepte ta démission »

En milieu de matinée, Villepin annonce déjà à son cabinet que Madelin vient de démissionner. Le vieux conseiller du président, Maurice Ulrich, a-t-il rappelé Brégançon pour demander un pardon ? L'initiative est en tout cas vaine. Le président a choisi sans hésiter, contre Madelin, de soutenir Juppé. Mais le ministre de l'Economie n'en sait encore rien.

A 17 heures, Jean-Frédéric de Leusse et Jean Lemierre sont à Matignon pour boucler une série d'arbitrages sur le budget, lorsque Alain Juppé, de Bordeaux, appelle en Bretagne son ministre de l'Economie. La conversation est brève. « J'ai réfléchi à ce que tu m'as dit ce matin. J'accepte ta démission. »

A Matignon, Maurice Gourdault-Montagne qui croise Jean Lemierre dans les couloirs l'attire dans son bureau pour lui annoncer la nouvelle. Jean-Frédéric de Leusse, lui, sort de Matignon sans se douter de rien, content du travail accompli. « Ce n'est qu'en montant dans ma voiture que le chauffeur m'a communiqué un message de Madelin me demandant de le rappeler immédiatement, raconte-t-il. Lorsqu'il m'a annoncé qu'il venait de démissionner, j'ai ri de bon cœur en lui disant : "Cesse de plaisanter, on vient de boucler le budget !" »

A 17 h 30, l'annonce du limogeage de Madelin a fait le tour du gouvernement. Comme un avertissement pour chacun. François d'Aubert, venu dans ses bagages, propose aussitôt à son ami de démissionner avec lui. Madelin refuse. Mais les autres ministres, membres comme Madelin du Parti républicain, sont tétanisés. Philippe Vasseur, à l'Agriculture, évoque franchement les choses. « J'ai appelé Madelin pour lui faire part de ma peine, mais pour lui dire aussi que je ne souhaitais pas démissionner… Et lorsqu'au Conseil des ministres qui a suivi, Juppé m'a pris à part, je lui ai répondu que j'avais la ferme intention de rester fidèle au gouvernement. »

Jean Arthuis, qui se morfondait au Plan, est soudain promu à la place du rebelle. Sur les conseils de René

Monory. Alain Madelin, pour sa part, quitte le gouvernement la tête haute. Le samedi, il boucle ses cartons au ministère, confiant crânement aux ministres UDF qui sont venus le saluer : « Vous n'en avez que pour quelques semaines. » Lui a tenu cent jours. Il y a des traces d'émotion dans sa voix, une légère brume dans son regard, mais au fond, il semble soulagé.

« Mon éviction avait des causes profondes, mais la mayonnaise est montée sur des futilités », reconnaît Madelin aujourd'hui. Pourtant, il continue de considérer que seul Juppé a voulu l'écarter. Par rivalité. « Nous n'avons jamais craint qu'il joue les premiers ministres bis, rétorque Maurice Gourdault-Montagne qui a suivi l'affaire, de Matignon. Mais Madelin avait sous-estimé la singularité des relations Chirac-Juppé. »

L'entourage du président, lui, affirme de son côté que Chirac craignait que le ministre de l'Economie n'incarne « le retour de la sale droite française ». Autrement dit, c'est Chirac qui aurait décidé de le lâcher.

Pourtant au lendemain de cette démission forcée, le président cherche avant tout à calmer le jeu. A son premier ministre qui fustige encore celui dont il vient d'avoir la tête, le président conseille doucement : « Tout de même, ne dites pas trop de mal de lui. »

6

La fin des illusions

Madelin parti, il reste « les autres ». Ceux qui gaffent, ceux qui connaissent à peine leurs dossiers, ceux qui ne savent pas dire trois phrases devant une caméra et ceux qui existent si peu que pas un Français sur cent ne connaît encore leur nom. Ce n'est un secret pour personne, Alain Juppé ne supporte plus le tiers de ses ministres. « Ils sont nuls, soupire-t-il dans les pires moments. Mais comment remanier ? Il faudrait en changer tellement… »

Depuis la fin de l'été, les choses sont sans doute pires qu'elles ne l'ont jamais été. De réformes mal ficelées en conflits de personnes, Matignon n'en finit pas de devoir arbitrer. « Il est clair que nous n'avons pas le gouvernement idéal », confie de plus en plus souvent l'entourage d'Alain Juppé. « Avec une équipe comme celle-là, tu vas droit dans le mur », a franchement lâché François Bayrou dès la rentrée.

Une équipe comme celle-là ? La plupart des quarante-deux membres du gouvernement ont passé le mois de juin à mener leur campagne municipale et à faire connaissance avec les médias. Les femmes surtout : les photographes se les arrachaient. Juillet a permis à la majorité des ministres de découvrir leur administration. Août est arrivé lorsqu'ils plongeaient dans les arbitrages budgétaires. Face à Bercy, beaucoup n'ont pas résisté. Mais c'est en septembre qu'ils ont été cueillis à froid. Le renvoi de Madelin est un avertissement pour tous. Depuis, ils sont paralysés.

Le premier ministre est le dernier à les rassurer. Il se désole que Pierre-André Périssol ne sache pas défendre sa réforme du logement à la télévision. Il s'agace que Françoise Hostalier ait officiellement enterré, en direct sur les radios, le référendum de l'Education, pourtant promis par Jacques Chirac. Il reproche aux uns d'être inexistants, aux autres de trop parler.

Hervé de Charette, qui s'exaspère d'être flanqué, lors des grandes réunions d'ambassadeurs au quai d'Orsay, de deux cerbères nommés Dominique de Villepin à sa droite et Maurice Gourdault-Montagne à sa gauche, s'en est ouvert au président. « Depuis trois mois, Juppé passe son temps à dire que ses ministres sont des cons. Attention au retour de bâton. »

Cacophonie générale

L'éclatement des structures voulu par le premier ministre se révèle une catastrophe : les Affaires sociales n'ont aucune direction. Les femmes venues en nombre de la « société civile » ne parviennent pas à s'imposer. Plusieurs d'entre elles n'ont aucune réelle attribution.

Enfin, tout et son contraire sont quotidiennement

annoncés par des ministres, des secrétaires d'Etat ou des élus se disant mandatés. La protection des plus démunis et la remise en cause du RMI, la suppression des 20 % d'abattement fiscal pour les salariés et le report de la réforme des impôts, la lutte contre la fracture sociale et le déplacement des familles à problèmes, la restriction des charges de l'Etat et la hausse du Smic. Personne n'y comprend rien, ni les syndicats, ni les patrons, ni la majorité, ni l'opposition.

Pour faire bon poids, dès la rentrée, les industriels amis du président sont venus à l'Elysée signaler que le franc ne se tient pas. C'est un vrai yo-yo à la Bourse. Les taux d'intérêt sont au plus haut, l'investissement est quasi nul, la confiance n'est toujours pas là.

A l'étranger, l'image n'est pas meilleure. Depuis plusieurs mois, la plupart des grands patrons allemands, les économistes, les journaux d'outre-Rhin s'interrogent sur la capacité de la France à remplir les fameux critères de convergence pour réaliser la monnaie unique. Helmut Kohl, conciliant, refuse de s'alarmer publiquement. Mais en privé, il est inquiet. A Paris, dans les dîners mondains, une nouvelle expression est née : « La politique du gouvernement manque de lisibilité. »

Lequel des deux a convaincu l'autre de réagir ? Les circonstances auront suffi sans doute. En six semaines, Alain Juppé et Jacques Chirac peuvent mesurer l'ampleur des dégâts. Le premier ministre a dans sa poche les grandes réformes du début du septennat, mais le gouvernement n'est pas au point pour les mettre en œuvre. Le président a dans l'esprit les grandes orientations du pays, mais l'opinion n'est pas prête à les entendre.

Il faut un changement de cap. Une inflexion qui devra être à la fois concertée et bien coordonnée. Au président d'annoncer d'abord clairement la rigueur, le choix de la réduction des déficits et la marche forcée vers la monnaie unique. « On serre la vis », comme dit Chirac. Au premier ministre de remanier son gouvernement, de lancer la réforme de la Sécurité sociale et de reconquérir l'opinion. Juppé appelle cela « plonger dans les réalités ».

Le tournant du 26 octobre

« Notre économie est bonne, et saine : notre inflation est l'une des plus faibles du monde et notre commerce extérieur est fortement excédentaire. Ce qui ne va pas, ce sont nos finances. » Ce 26 octobre, à 20 h 30, le président amorce donc le tournant de son septennat. François Mitterrand avait mis deux ans à revenir à la rigueur et à décréter « la pause ». Il n'aura fallu que cinq mois à Chirac.

Les communicateurs de l'Elysée ont préféré faire sobre. On ne prédit pas la sueur, le sang et les larmes dans un show télévisé. Même le choix de l'interviewer, Alain Duhamel, signale le retour à l'ordre établi. Sans paillettes ni gadgets d'aucune sorte. Pour cette cinquième intervention présidentielle, c'est bien le fond qui doit primer.

« On se serre la ceinture sur les déficits, on assume l'impopularité et on fait cause commune avec l'Allemagne pour parvenir à faire baisser les taux d'intérêt », a résumé lapidairement le conseiller économique du président à l'Elysée, Jean-Pierre Denis. Ce super-diplômé (HEC-Ena) de 35 ans prépare depuis plusieurs jours l'argumentaire chiraquien. Denis connaît par cœur les vœux et les contradictions de son patron. Il l'a suivi dans les pires moments, lorsque Chirac n'avait pour tout soutien qu'une poignée de fidèles. Patiemment, il a reconstitué les réseaux de patrons qui avaient déserté pour Edouard Balladur. Lentement, il a élaboré les propositions économiques pouvant tenir lieu de programme. En février 1995, trois mois avant l'élection, c'est lui qui est parvenu à mettre en musique le tour de force idéologique de Chirac. Lui qui a synthétisé les positions antagonistes du libéral Alain Madelin et du républicain Philippe Séguin en un chef-d'œuvre d'équivoque politique : le discours économique du candidat Chirac à la porte de Versailles. Autant dire qu'il sait parer à tout. Rapide et ambitieux, Jean-Pierre Denis pense l'économie pour le président. Depuis longtemps déjà, il sait qu'il faudra se résoudre à la rigueur.

Dans le dos de Séguin

Tous le savent d'ailleurs. A l'Elysée comme à Matignon. On l'a vu, depuis juin les conseillers ne planchent plus que sur des projections budgétaires serrées au maximum et la plupart des ministres qui réclamaient une rallonge budgétaire ont été renvoyés dans les cordes. Mais officiellement, le discours sur la fracture sociale continue d'entretenir l'ambiguïté.

Philippe Séguin, gardien du temple des promesses de la campagne, a pourtant été tenu à l'écart de l'annonce du tournant qui se prépare. S'il se doute de ce qui se trame, il affirme ne pas avoir été informé à l'avance de la teneur du discours présidentiel.

Car ce qu'annonce Chirac a de quoi exaspérer Séguin. Cette rigueur n'est-elle pas avant tout la conséquence d'un choix : celui de faire la monnaie unique en respectant le calendrier fixé à Maastricht ?

La veille, Chirac est une fois encore venu à Bonn rencontrer le chancelier allemand. Devant Helmut Kohl, il a réaffirmé que la France serait prête pour l'union monétaire. C'est un engagement sérieux de sa part.

Depuis son élection à l'Elysée, le président reçoit en effet tous les avis contradictoires sur le sujet. Deux de ses grands amis, les industriels Jérôme Monod et Jacques Friedmann, reviennent périodiquement à la charge, inquiets des hésitations du pouvoir à l'égard de l'euro. Ce sont eux qui, déjà, l'avaient convaincu de voter « oui » lors du référendum de Maastricht, arguant qu'aucun homme politique ne pourrait conquérir l'Elysée en brisant la construction européenne. Ils ne cessent depuis de le répéter : l'économie française n'a devant elle qu'une option, l'union monétaire.

Mais Jacques Chirac a été ébranlé par les conseils d'un autre ami industriel, François Pinault. Un dimanche à l'Elysée, Pinault plaide pour un décrochage du franc, une façon de repousser les échéances de la monnaie unique. Chaque mardi, lors du déjeuner en tête-à-tête qu'il a institué chaque semaine avec Philippe Séguin, c'est à peu près la même antienne. Le calendrier de la monnaie unique est trop dur, lui répète-t-on partout. L'Europe ne doit pas se faire au détriment des pays qui la composent.

« Il a bien mis ces six premiers mois à se faire une religion », explique aujourd'hui Jérôme Monod. Charles Millon, qui en tant que ministre de la Défense est très souvent en contact avec le président et observe son évolution politique, ne dit pas autre chose : « Lors de sa campagne électorale, il avait affiché ses convictions européennes lors de son discours de politique étrangère de mars 1995. Il était convaincu que c'était la bonne voie. Ensuite, il lui a fallu un été pour prendre la dimension de sa fonction. » Ce 26 octobre, le président assume le tournant économique et politique de son septennat. Reste à mettre en place la nouvelle équipe que réclame Juppé.

Elus le matin, virés l'après-midi

En réalité, Dominique de Villepin et Maurice Gourdault-Montagne planchent depuis trois semaines sur le nouveau gouvernement. Dès que Jacques Chirac a été convaincu de la nécessité de remanier, ils se sont mis à la tâche. On n'en est plus à l'éclatement des structures qui avait présidé à l'élaboration du premier gouvernement. Cette fois, l'option est inverse : il faut resserrer. Trouver un chef de file pour les Affaires sociales. Un nouveau porte-parole pour le gouvernement. Terminés les gadgets ou les femmes alibis. Il faut des experts, des ministres qui connaissent la machine. Des professionnels de la politique, en un mot.

Puisque la rigueur est annoncée, il faut sélectionner l'équipe capable de l'appliquer. Tant pis si l'on est en pleine discussion budgétaire à l'Assemblée. Dans le plus grand secret, les listes sont préparées. On reviendra à un gouvernement de 32 ministres au lieu de 41. Le premier week-end de novembre suffira pour faire les derniers ajustements.

Tout aurait dû être bouclé pour le lundi 6 novembre. Seulement une de ces catastrophes internationales qui bouleversent tout parfois est venue repousser les choses de 24 heures. En Israël, Itzhak Rabin vient d'être assassiné. Le président s'envole pour les funérailles. La politique intérieure française se poursuivra par téléphone.

Cette fois, Juppé a marqué un point : personne ne sera consulté. Finis les veto de Giscard, les comptages de l'UDF, les exigences des fidèles chiraquiens. Même François Léotard et Hervé de Charette, qui se trouvent en même temps que Chirac aux cérémonies d'enterrement du premier ministre israélien, ne se doutent de rien. A Paris, René Monory ne reçoit aucun appel, pas plus que Philippe Séguin. Quant aux intéressés, ils apprennent leur sort alors qu'il est déjà scellé.

Le premier ministre a divisé sa journée en deux parties : le matin pour annoncer la bonne nouvelle à ceux qui vont devenir ministres, l'après-midi pour essuyer les scènes d'amertume de ceux qui sont écartés du gouvernement.

Dès 8 h 30, il a reçu Dominique Perben et Alain Lamassoure. Ces deux amis d'Alain Juppé, classés balladuriens mais restés proches du premier ministre, avaient dû être écartés. Ils reviennent à des postes importants. Perben aura la Fonction publique et la Réforme de l'Etat, Lamassoure le Budget. Lorsque Juppé propose à Lamassoure d'être aussi le porte-parole du gouvernement, celui-ci hésite pourtant : « Tout le monde sait que j'ai choisi Balladur. Ce ne sera peut-être pas très crédible que je sois ton porte-parole ? » Mais le premier ministre a balayé l'objection : « Cela n'a aucune importance. » Pour Juppé, les seuls balladuriens qui bougent encore sont Balladur lui-même et Nicolas Sarkozy, « les emmerdeurs » comme il les appelle. Les autres se sont ralliés au pouvoir gagnant.

Vient ensuite Franck Borotra. Celui-là est donné pour séguiniste, mais Alain Juppé lui fait confiance. Il connaît le monde de l'entreprise. Il sera ministre de l'Industrie, des Postes et Télécommunications. Enfin, le premier gouvernement était sans doute trop parisien. Il faut un homme qui affiche son appartenance à la province. Un accent du Sud. Jean-Claude Gaudin a l'avantage d'être le numéro deux du Parti républicain, ce qui fera la nique à François Léotard. Le maire de Marseille prend le ministère de l'Aménagement du territoire et de l'Intégration.

Dans la foulée du remaniement, Jean Arthuis, qui a remplacé Alain Madelin à Bercy, a obtenu de changer de collègues. Puisque Lamassoure arrive, il peut enfin se débarrasser de François d'Aubert qu'il n'aime pas. Les deux hommes, élus à quelques kilomètres de distance, sont rivaux en Mayenne et se supportent difficilement à Paris. D'Aubert ira s'initier à la Recherche. Le jeune Hervé Gaymard, qui n'a pas démérité, perd aussi les Finances pour basculer à la Santé et la Réforme de la Sécurité sociale. Alain Juppé, qui prépare sa grande réforme de la Sécu, a besoin de ce jeune homme brillant et sûr pour épauler Jacques Barrot qui prend la tête des Affaires sociales. Tant pis si Bercy, qui a perdu cinq ministres en six mois, paraît de plus en plus désorienté.

Le lâchage de François Baroin

Alain Juppé s'est réservé pour le déjeuner deux plats difficiles. Deux fidèles de la campagne chiraquienne qu'il va falloir évincer. François Baroin et Elisabeth Hubert.

Pour Baroin, il a laissé l'Elysée faire le gros du travail. A 9 heures du matin, alors que le jeune porte-parole du gouvernement prenait un petit déjeuner avec des journalistes pour leur expliquer… qu'il n'y aurait pas de remaniement, Dominique de Villepin a téléphoné : « On réduit l'équipe. Tu es en l'air. Le président veut te voir cet après-midi. » En trois phrases, Baroin a compris. « Tu es en l'air ? » Cela veut dire qu'il n'en est déjà plus. Devant les journalistes, il a pourtant poursuivi son tableau idyllique de la situation gouvernementale. Mais à 10 heures, il annonce déjà la nouvelle à ses proches collaborateurs. En fin de matinée, c'est le président lui-même qui la lui confirme : « Le premier ministre a demandé un remaniement. Tu seras rattaché à l'Elysée. »

Baroin est le plus jeune du gouvernement et son départ est un symbole. Fidèle de Chirac, à qui le lient des souvenirs d'enfance et l'amitié que le président vouait à son père Michel Baroin, mort dans un accident d'avion, le jeune homme a été le porte-parole de la campagne chiraquienne et l'un des rares compagnons de solitude du candidat.

Seulement son poste de porte-parole est l'un des plus difficiles. Depuis le début du mois de septembre, la quasi-totalité des difficultés du gouvernement sont mises sur le compte de sa difficulté à communiquer et Baroin fait vite figure de pompier dépassé par l'ardeur de l'incendie. L'entourage d'Alain Juppé lui reproche d'être trop jeune, trop inexpérimenté, trop présent à Troyes, dont il est le maire, et trop absent à Paris. On lui reproche aussi de ne pas soutenir la comparaison avec son prédécesseur dans la fonction : Nicolas Sarkozy. « Il est insuffisant », jugent les conseillers de Juppé, qui ajoutent généralement, avec une pointe de lâcheté : « C'est Chirac qui a tenu à le mettre à ce poste. Juste porte-parole, nous pensions que cela ne prêterait pas à conséquence. »

« Le problème est que je travaillais complètement seul, analyse pour sa part François Baroin. Le plus souvent, le porte-parole a des attributions supplémentaires, par exemple le ministère du Budget comme l'avait eu Sarkozy, ce qui lui permet d'assister à la plupart des réunions d'arbitrages. Là, je devais défendre des décisions auxquelles je n'avais pas eu accès. » Depuis deux mois, Baroin explique d'ailleurs sa difficulté à Alain Juppé. Sans se douter une seconde que l'aveu de son impuissance va sceller son sort au sein du gouvernement. Alain Juppé, qui le reçoit dix minutes à midi le jour de son éviction, ne lui dit pas autre chose : « Tu as raison. Ce poste de porte-parole sans attribution est trop compliqué. Je réduis le gouvernement et tu n'en es plus. »

La condamnation d'Elisabeth Hubert

L'autre jeune symbole de la campagne chiraquienne est une femme, Elisabeth Hubert. Et avec elle, les relations n'ont jamais été simples. Juppé ne l'aime pas. Depuis longtemps. Depuis toujours, sans doute. Et elle le lui rend bien. Lorsqu'elle a été nommée ministre de la Santé et de la Protection sociale, ils ont décidé un temps de faire la paix. « Repartons sur d'autres bases », a proposé Juppé. La réconciliation a duré un mois.

Elisabeth Hubert, comme François Baroin, est « une bleue ». Première expérience gouvernementale, peu de connaissance de l'administration, mais un vrai militantisme et une expérience de terrain en tant qu'ancien médecin. Naïvement, elle a cru, comme tous les débutants, devoir respecter les consignes du premier ministre lorsqu'il a exigé une réduction des cabinets ministériels. Elle n'a donc que cinq conseillers quand tous les vieux routiers de la politique collectionnent déjà les collaborateurs « officieux ». En arrivant, elle s'est immergée dans les dossiers : sida, Sécurité sociale, forfait hospitalier. Chiraquienne pur jus, elle a cru pouvoir mener parallèlement une campagne municipale et prendre la ville de Nantes à la gauche, dans la foulée de la présidentielle. Evidemment, elle a été battue. « J'ai pris une sévère branlée », reconnaît-elle elle-même dans son langage de garçon manqué. Depuis, les accrochages avec Alain Juppé se sont multipliés.

Chaque fois, Elisabeth Hubert est repartie, les dents serrées, pleurer dans sa voiture. Mais elle continue, seule, dans un secteur particulièrement exposé. Ses rapports avec Matignon sont chaque jour plus mauvais. Elle connaît mal le fonctionnement du système, supporte difficilement la hiérarchie gouvernementale et surtout… ne partage pas les options politiques qui sont en train d'être prises.

« Tu ne me feras pas faire ce que j'ai dénoncé »

Pendant toute la campagne électorale, Elisabeth Hubert s'est chargée d'élaborer et de soutenir les propositions de Jacques Chirac en matière de santé. Les médecins, voilà son monde. Elle les connaît, elle les comprend, elle se charge de les rapprocher de son candidat. Son discours, depuis deux ans, a consisté à leur dire qu'il n'y aurait pas de réduction des dépenses de santé mais une meilleure utilisation de ces dépenses. Elle y a gagné l'adhésion d'une grande partie de la corporation, traditionnellement conservatrice.

Durant l'été 1995, à la mésentente personnelle qu'elle connaît avec Juppé, s'est ajouté un désaccord sur le fond. « Au tout début du mois d'août, Alain nous a convoqués à Matignon pour une réunion. Il y avait là Colette Codaccioni, Eric Raoult et moi. Tout de suite, il nous a prévenus : "Nous ne pouvons plus continuer ainsi, nous creusons les déficits. Vous avez trois semaines pour me faire des propositions, non pas sur l'augmentation des recettes de la protection sociale mais sur la réduction des dépenses." A partir de là, mon malaise est devenu évident. »

Comme Alain Madelin, Elisabeth Hubert va commettre l'erreur. Irréparable. Elle demande à voir le président. Qui la reçoit. Vaguement consciente de son imprudence, la jeune ministre ne vide pas tout à fait son sac sur le dos de Juppé. Mais elle fait part de son trouble face à un Chirac qui, rassurant, lui affirme que « vraiment, tu te débrouilles très bien. Tu vois, je trouve même que tu passes bien à la télévision ». Le soir même, le président a rendez-vous avec Juppé. Et naturellement, il lui raconte l'entretien.

Pourquoi Elisabeth Hubert cache-t-elle alors au premier ministre cette entrevue à l'Elysée ? Par orgueil, sans doute. Toujours est-il que lorsqu'elle retrouve le chef du gouvernement, le lendemain, à une réunion elle ne dit rien. Rendu méfiant par ce comportement qu'il juge ambigu, Alain Juppé ne va avoir de cesse de l'évincer.

A la fin du mois d'octobre, Codaccioni, Raoult et Hubert sont à nouveau à Matignon pour préparer le plan de redressement des comptes de la Sécurité sociale. Mais ce ne sont pas des propositions qu'on leur demande. Matignon les a déjà élaborées : famille, retraite, maladie, financement, tout est là. Colette Codaccioni voit, navrée, enterrer son allocation dépendance. Et Elisabeth Hubert assiste, interdite, à la présentation du plan d'économie de la branche maladie. « Voilà, cela représente vingt milliards d'économie », assure Juppé avec conviction. Sans pour autant emporter l'adhésion de sa ministre de la Santé : « Jamais ! C'est hors de question. Tu ne me feras pas faire ce que nous avons dénoncé depuis des années. » « Sur le coup, j'étais tellement en colère que je l'ai tutoyé en réunion », raconte Elisabeth Hubert aujourd'hui. Juppé encaisse cette familiarité comme une gifle. Hubert demande une nouvelle audience au président.

A partir de là, les conflits vont s'accélérer. Plus Alain Juppé se raidit plus Elisabeth Hubert multiplie les maladresses. Elle commet des erreurs, annonce trop vite l'augmentation du forfait hospitalier, maîtrise mal certains dossiers et achève d'exaspérer. Alain Juppé lui interdit de se rendre, deux semaines de suite, aux questions d'actualité à l'Assemblée et fait repousser ses communications en Conseil des ministres. Le président, pourtant sollicité, ne bouge pas. Il sait déjà que Juppé a décidé de la sacrifier.

Le 7 novembre, Alain Juppé lui signifie sa décision en cinq minutes. Froidement, presque sèchement. La guerre a suffisamment duré. Elisabeth Hubert est sans doute la seule à ne pas être surprise d'apprendre son renvoi.

La charrette des « juppettes »

Les autres ministres, eux, sont atterrés. Hormis Baroin et Hubert, ils sont onze autres membres de l'équipe à être renvoyés. Onze débutants eux aussi, dont la moitié sont des femmes arrivées en fanfare cinq mois auparavant. Au départ, on les a appelées les « juppettes ». Depuis quelques semaines, les conseillers de Matignon les surnomment les « pétasses ». Elles se savent désormais condamnées.

Juppé les a convoquées tous les quart d'heure dans son bureau, cet après-midi du 7 novembre 1995. Mais comme il a pris du retard, elles sont sept à se retrouver dans la même antichambre. Il y a là Nicole Ameline, Christine Chauvet, Colette Codaccioni, Elisabeth Dufourcq, Françoise de Panafieu, Françoise Hostalier et Françoise de Veyrinas. Elles étaient toutes secrétaires d'Etat. Des postes que l'on élimine généralement en cas de resserrement des équipes.

Les hommes qui sont leurs ministres de tutelle ont

généralement appris la nouvelle de leur éviction avant elles. Ils ne leur en ont rien dit. Eric Raoult, qui a été convoqué le matin même chez Alain Juppé, s'est entendu annoncer : « Tu va être content, je ne reprends pas ta secrétaire d'Etat, Veyrinas. Mais tu deviens ministre délégué sous la direction de Jean-Claude Gaudin. J'espère que tu t'entends bien avec lui. » Le voyant de retour dans son ministère de l'avenue de Ségur, Françoise de Veyrinas a passé une tête dans le bureau d'Eric Raoult : « Tu as des infos ? » Et là, le fougueux ministre n'a pas osé dire la vérité : « Heu, non. J'ai seulement vu Juppé pour parler d'un dossier… » et il est parti discrètement déjeuner.

François Bayrou n'a pas fait mieux. Depuis des mois, il se plaint au premier ministre de ses deux secrétaires d'Etat, Elisabeth Dufourcq et Françoise Hostalier. « Chirac avait fait l'erreur d'inviter toute l'équipe à assister chaque semaine au Conseil des ministres affirme-t-il aujourd'hui. Par générosité, il avait même dit : "Ici, il n'y a pas de hiérarchie, vous êtes tous des ministres." Naturellement, les secrétaires d'Etat l'avaient cru. Et la vie est devenue un enfer. » Lorsqu'il apprend qu'Hostalier et Dufourcq sont renvoyées à leurs métiers d'antan, il est ravi. Mais n'en dit rien.

Les femmes vident leur sac

Cet après-midi-là, les femmes qui se retrouvent à Matignon n'ont donc qu'une bête noire : Alain Juppé lui-même. Françoise de Panafieu, surtout. La jeune femme a la dent dure, un humour vache et une rivalité de longue date avec le premier ministre. Elle se croyait protégée par Jacques Chirac lui-même, elle se retrouve renvoyée. Aussi passe-t-elle ses nerfs sur les huissiers. « Vous pourriez au moins nous apporter un thé. Les dames, à cette heure, ont l'habitude d'en boire. »

Juppé n'aurait pas dû les faire attendre ensemble. Lorsqu'il les reçoit une à une pour dix minutes d'entretien, elles sont remontées comme des horloges. Les quelques hommes évincés, Claude Goasguen, Raymond-Max Aubert, François Baroin ont peu protesté, soucieux de préserver l'avenir. Les femmes, elles, vident leur sac. Et il entend tout.

Françoise de Panafieu refuse que « ce type » lui fasse la leçon et abrège l'explication à quatre minutes d'échanges tout ce qu'il y a de plus cinglant. Françoise Hostalier lui balance en plein visage qu'elle préfère encore être à sa place qu'à la sienne. Colette Codaccioni n'a pour lui qu'un regard désolé.

Reste à ramasser les morceaux. Dès qu'il a appris la nouvelle, Alain Madelin ne s'est pas privé de faire passer un petit bristol à chaque ministre sacrifié : « Bienvenue au club. » Mais c'est le président qui assume le soutien psychologique.

En une semaine, Chirac reçoit François Baroin, Elisabeth Hubert, Françoise de Panafieu. « Nous n'avons surtout pas parlé du remaniement, ni d'Alain Juppé, ni même de politique, se souvient Elisabeth Hubert, mais comme toujours lorsqu'il est gêné, il s'est montré très matérialiste. » Chirac s'inquiète donc des revenus de chacun, des indemnités de fonctions, parle du chômage en politique. « Tu sais, moi aussi je me suis retrouvé plusieurs fois dans cette situation », lance-t-il à Elisabeth Hubert. Qui, crânement, lui répond : « Ça, ça m'étonnerait. Vous connaissant comme je vous connais, je suis sûre que vous n'avez jamais regardé un bulletin de salaire. Ni d'ailleurs sans doute un relevé bancaire. Je ne suis même pas certaine que vous ayez une carte bleue et que vous sachiez vous en servir : vous payez toujours en liquide. »

A François Baroin, le président promet : « Tu reviendras au gouvernement après 98 » et propose un poste de conseiller à l'Elysée. Françoise de Panafieu enfin, s'entend dire : « Tant qu'Alain sera premier ministre, tu n'as aucune chance. » Mais alors que, déboussolée, elle lui demande si elle doit abandonner la politique, elle se voit offrir une ambassade à l'Unesco. Début avril 1997, soit un an et demi plus tard, elle n'avait toujours pas revu Juppé.

« On ne peut pas faire autrement »

Peut-on parler d'un choc dans l'opinion ? Plutôt d'un réveil brutal. Jusque-là, les Français cherchaient leur président et leur premier ministre. Ils les trouvent enfin. Mais ils n'ont plus forcément grand-chose à voir avec le duo qu'ils avaient imaginé.

Certes les balladuriens, toujours peu nombreux au gouvernement, peuvent se féliciter de voir Chirac revenir sur leurs idées. Certes, le président du CNPF Jean Gandois n'a eu qu'un mot satisfait au lendemain du 26 octobre : « Je crois que nous pouvons être rassurés. » Mais les chiraquiens, eux, sont déboussolés.

Le renvoi des deux fidèles de la campagne présidentielle, François Baroin et Elisabeth Hubert, en même temps que le retour à l'orthodoxie économique, marque pour tous la fin des illusions. « Le danger, souffle l'écrivain Denis Tillinac, grand ami du président, c'est qu'on se dise maintenant : quitte à avoir l'orthodoxie et la mystique du franc fort, autant avoir Balladur. » On s'interroge, on cherche à comprendre. Mais lorsque le député Pierre Mazeaud, en visite à l'Elysée, constate, incrédule : « Jacques, il y a un changement de politique », il s'entend répondre de la bouche du président : « Pierre, on ne peut pas faire autrement. »

Pourtant, sous l'impulsion d'Alain Juppé, le RPR avait commencé à préparer ses troupes dès la rentrée. « Nous avions anticipé le tournant en rajustant notre politique de communication à l'égard de nos militants, confie aujourd'hui Jean-François Mancel, qui relaie alors Alain Juppé à la tête du mouvement gaulliste. Les cadres du mouvement avaient eu droit à des stages de formation, nous avions envoyé des orateurs dans chaque fédération pour expliquer que les lendemains du 7 mai n'allaient pas forcément chanter. Evidemment, ce n'était pas clair pour tout le monde… »

Il n'empêche. Les militants gaullistes sont à peine moins sceptiques que les Français en général. Dans les sondages, la chute de popularité de Jacques Chirac est désormais sans appel. Moins de 15 % des Français sont satisfaits de son action et l'immense majorité d'entre eux n'attend même plus que le gouvernement « soit fidèle aux engagements du candidat Chirac [1] ».

---

1. Sondage Ipsos-*Le Point* 24 octobre 1995 et sondage Ifop-*L'Express* du 7 novembre 1995.

« Vous avez claqué la porte à votre électorat ! »

Même la « gauche chiraquienne » a déserté. Six mois auparavant encore, le candidat déclenchait une chiracomania déroutante et parfois grotesque. Frédéric Mitterrand, le neveu du président socialiste, l'accordéoniste Yvette Horner, le producteur Daniel Toscan du Plantier, rejoignaient les chiraquiens de toujours, Yves Duteil et Line Renaud, dans un enthousiasme aussi excessif que nouveau. Depuis les premiers jours de l'automne, les mêmes sont aux abonnés absents.

André Rousselet et Pierre Bergé, grands amis de François Mitterrand passés aux côtés du candidat RPR pendant la campagne, les intellectuels Régis Debray, Paul Thibaud, Jean-Claude Guillebaud ont pris leurs distances. Ils avaient applaudi le 14 juillet lorsque le président avait trouvé, sur la Bosnie, les mots justes. Le 16 juillet, la reconnaissance de la responsabilité de l'Etat français dans les déportations de juifs pendant la Seconde Guerre mondiale lui avait encore valu la reconnaissance de tous. Cette fois, pourtant, les licns sont distendus. Dix jours après l'intervention présidentielle du 26 octobre, un petit groupe de ces anciens convertis est venu déjeuner à l'Elysée. Il y a là Denis Tillinac, l'ami écrivain qui a ramené vers Chirac, pendant la campagne, Régis Debray, Jean-Claude Guillebaud, et surtout le socio-démographe Emmanuel Todd. Todd, aux pires moments de doutes, en octobre 1994 avait ravi Chirac en expliquant, au cours d'un dîner, que « compte tenu de la rupture des élites avec le peuple sur la question européenne, Chirac était de fait le candidat de la gauche ».

Seulement Todd s'agace, depuis, qu'on le suppose chiraquien. Face au président, sous les lambris élyséens, il s'emporte soudain : « Vous avez claqué la porte à votre électorat ! Et vous accentuez la coupure entre l'élite et le peuple. En conséquence, nous sommes dans l'opposition. » Chirac a beau conserver le sourire et assurer au jeune chercheur : « Allons, tout cela n'est pas grave, on verra où l'on en sera dans deux ans », la rupture est bel et bien consommée.

Au fond de lui-même, le président demeure confiant. A ses yeux, la déchirure reste cantonnée à quelques individualités. Des « gens de gauche » qui n'ont finalement pu quitter leur camp que le temps d'une élection et qui y retournent naturellement. « Seul le pays réel, la France des classes moyennes compte », dit-il à ses visiteurs. Cette France-là ne va pas tarder à se manifester.

7

La France dans la rue

Paris n'est plus qu'un gigantesque embouteillage. Ni bus, ni métro, ni trains, mais des milliers de voitures, immobiles, pare-chocs contre pare-chocs : il faut une heure pour parcourir cinquante mètres. Même les vélos font du surplace. Depuis dix jours, on en croise des flopées. Tout est bon pour avancer : bicyclettes, patins à roulettes, trottinettes parfois. Mais le plus souvent, ce sont encore les piétons qui, par grappes, tiennent le haut du pavé.

Dans la capitale, les marcheurs sont partout. Des employés abattent des kilomètres, de la banlieue jusqu'aux bureaux du centre de Paris. Des cadres en costume ont troqué leurs Weston pour des chaussures de tennis, les enfants ont déserté les crèches en grève et les vieilles dames se cantonnent aux boutiques de leur quartier. La ville est paralysée, mais les Parisiens se parlent à nouveau. Au bistrot, sur les trottoirs, entre conducteurs et auto-stoppeurs, entre jeunes et retraités…

« On n'est pas fatigués, Juppé tu vas craquer. » En

partant à Bordeaux, comme il le fait chaque semaine, le premier ministre a trouvé une situation presque aussi spectaculaire. Embouteillages monstres, commerces vides et vingt mille agents des services publics qui crient leur colère. Une fois ceux-là passés, le maire a dû encore voir les médecins défiler, traînant un corbillard : « A notre santé bien-aimée… » La province n'est pas épargnée.

Il suffit de regarder les journaux télévisés pour prendre la mesure du problème : un peu partout en France, les services publics débrayent. Depuis le 24 novembre 1995, des centaines de milliers de fonctionnaires et de retraités ont rejoint les étudiants qui défilent sur le pavé des grandes villes du pays. Les postiers paralysent la Poste à Rouen, les agents d'EDF coupent le courant à Perpignan et à Toulouse. Les étudiants occupent le rectorat de Limoges. Sur les routes d'Ariège, des barrages filtrants bloquent l'accès aux sports d'hiver. A Freyming-Merlebach, dans l'est de la Moselle, les mineurs se sont révoltés. On entend à nouveau *Le temps des cerises*, *L'Internationale*, ou plus prosaïquement des « Touchez pas à ma Sécu, oui ma Sécu… », plaqués sur des musiques de variétés.

Dans les cabinets ministériels, personne n'a vu venir la tempête. Passe encore que les syndicats se soient unis pour bloquer les transports. Mais, dans un désordre aussi généralisé, le plus étonnant reste encore que les Français paraissent les approuver. Les salariés du privé se donnent un mal de chien pour rejoindre leurs entreprises, mais au fond, ils soutiennent l'action de ces fonctionnaires que le gouvernement dénonce comme des privilégiés.

Perplexes au départ, les instituts de sondage ont vite trouvé une explication. Une thèse déroutante mais plausible : la France qui continue de travailler fait une grève par procuration. Elle exprime son ras-le-bol et sa frustration par fonctionnaires interposés.

Comment le pouvoir aurait-il pu prévoir ce mouvement ? Dix jours auparavant, Alain Juppé était encore applaudi à l'Assemblée…

« Ne chargez pas trop la barque »

Le 15 novembre 1995, lorsque le premier ministre présente devant l'Assemblée nationale son plan de réforme de la Sécurité sociale, il déclenche en effet l'enthousiasme. Les députés de la majorité le saluent debout ! Même la gauche reste discrète. Après des mois d'impatience, le projet paraît enfin à la mesure des difficultés. Alain Juppé propose d'instaurer un régime universel d'assurance-maladie. Désormais, le gouvernement exercera un contrôle direct, en nommant les directeurs des caisses. Quant au Parlement, il votera un taux annuel d'évolution des dépenses sociales. C'est la première fois qu'un gouvernement se donne enfin les moyens de résorber ce fameux « trou de la Sécu » qui hante les différents pouvoirs depuis vingt ans. Le plan paraît audacieux, le premier ministre courageux.

Seulement, Alain Juppé, enchanté de cet accueil, rêve de pousser plus loin son avantage. Au plan sur la Sécurité sociale, il a ajouté un projet de réforme des régimes spéciaux de retraite. Une commission a été chargée de plancher sur la question. Pour faire bon poids, le premier ministre active aussi les feux du contrat de plan Etat-SNCF, encore à l'étude, avant même d'engager de réelles concertations avec les personnels concernés. Enfin, il presse ses conseillers afin qu'ils accélèrent la mise au point de la grande réforme fiscale que, Madelin parti, il envisage plus sereinement de proposer.

A l'Elysée, le président n'a eu qu'un haussement de sourcils en constatant pareille abondance. « Ne chargez pas trop la barque, tout de même », a lancé Chirac sans pour autant refroidir l'enthousiasme de Juppé. Mais après l'avertissement, il a laissé le processus s'engager.

La méthode Juppé

Le premier ministre met en place ce que ses conseillers appellent déjà « sa grande réforme ». Au rythme et selon la méthode qu'il s'est forgée au fil du temps. Mais peut-on vraiment appeler cela une méthode ? C'est une volonté surtout. Un souci d'améliorer les systèmes en brisant les résistances corporatistes. Avec, parfois, le souhait de faire le bonheur des hommes malgré eux.

Son plan est une charge brutale contre l'ordre figé et désastreux qui prévaut dans les comptes sociaux. Il veut changer les choses de façon globale, complète, définitive. Au besoin en contournant les barrières et les conservatismes. En un mot, en court-circuitant les syndicats.

Depuis son arrivée, Juppé est convaincu que les partenaires sociaux ne seront qu'un obstacle. « En France, assure-t-on dans son entourage, les syndicats ne regroupent que 8 % des salariés contre le double en Grande-

Bretagne malgré les années Thatcher ! » En conséquence, il leur bat froid depuis la rentrée.

Il n'y a ni hypocrisie, ni perversion dans son attitude, bien au contraire. Mais la façon qu'il a de leur asséner sa volonté a quelque chose d'arrogant et surtout d'inhabituel qui ne présage rien de bon pour les relations à venir. Recevant tour à tour Marc Blondel, Nicole Notat et Louis Viannet, les 4 et 5 septembre, Alain Juppé a annoncé d'emblée la couleur. Le gouvernement gèlera les rémunérations des fonctionnaires en 1996. Dans la foulée, il précise aussi que l'Etat ne versera pas non plus les 12,5 milliards de francs promis à l'assurance-chômage pour 1996. « Je ne cherche pas à rassurer les syndicats, commente seulement le premier ministre, je cherche à leur dire ce que je vais faire. » Rompez.

Les réactions qu'il provoque auraient cependant dû l'avertir. Sur le perron, le patron de FO Marc Blondel, rouge d'indignation, a lancé une déclaration de guerre : « Il faut s'attendre à des grèves. » Et Louis Viannet a tracé le plan de bataille de la CGT : « Les problèmes évoqués par Juppé ne sont que la liste des conflits pour les semaines à venir. »

L'obsession du secret

En réalité, le premier ministre a choisi d'avancer seul. Comme s'il ne plaçait sa confiance qu'en lui-même. « Votre Juppé n'écoute rien. Il ne voit personne », s'est inquiété dès septembre René Monory auprès de Jacques Chirac. Mais le premier ministre continue d'imaginer l'avenir de la France dans l'intimité de son cabinet.

Cette réforme de la Sécurité sociale doit être à ses yeux un choc, un coup de théâtre dans l'opinion. Ce n'est qu'à cette condition que se créera la dynamique du changement. Et puis, au fond de lui, Juppé se fait déjà une joie de rabattre le caquet de tous ceux qui l'accusent d'immobilisme depuis l'éviction de Madelin.

« Nous avons préparé la réforme de la Sécurité sociale dans le secret, reconnaît son directeur de cabinet d'alors Maurice Gourdault-Montagne, pour éviter absolument les fuites. La plaie des réformes, dans ce pays, est que tout projet connu avant sa présentation est aussitôt décortiqué, critiqué et mis en charpie par la presse. » « Juppé voulait passer en force, sans négocier », tranche aujourd'hui plus nettement François Baroin.

Le plan a donc été préparé par un petit groupe de proches : Pierre-Mathieu Duhamel, Maurice Gourdault-Montagne et Antoine Durrleman, le conseiller des affaires sociales de Matignon. Tous brillants, travailleurs, rapides. Tous professionnels des cabinets ministériels. Tous représentatifs, à leur corps défendant, de ce que Chirac appelle la technocratie.

La veille de la présentation de son plan devant le Parlement, le premier ministre a seulement pris le soin de convoquer une trentaine de jeunes députés amis. L'entrevue a eu lieu à Matignon, à l'heure du déjeuner. Il y a là toute la nouvelle génération des députés RPR, Pierre Bédier, Jérôme Bignon, Renaud Muselier, Frédéric de Saint-Sernin et Jean-François Copé. Ceux-là mêmes qui ont proposé au premier ministre de devenir sa « task force », sa force d'intervention auprès de l'opinion.

« Juppé nous a tenu le discours suivant, se souvient Jean-François Copé : "Vous êtes mes amis proches à l'Assemblée nationale. Voici mon plan pour la Sécurité sociale. Ne vous occupez pas de ce qu'en diront les balladuriens, vendez ce plan à l'opinion." Et il nous a tout exposé : le renforcement du contrôle du Parlement, l'élargissement de l'assiette de la CSG et du RDS, le maintien des prestations, le carnet de santé. Nous avons été bluffés. »

« Juppé trahison, retrouve la raison ! »

Hors du milieu politique, le choc est pourtant beaucoup plus rude. Le discours du 26 octobre de Jacques Chirac annonçant la rigueur et le remaniement ministériel qui a suivi paraissent soudain n'avoir été qu'une mise en condition.

L'application concrète du tournant économique annoncé est plus que douloureuse. Les fonctionnaires, éberlués, apprennent qu'ils devront allonger de trente-sept ans et demi à quarante ans la durée des cotisations pour bénéficier d'une retraite à taux plein. Les agents de la SNCF, d'EDF-GDF et de la RATP voient leurs régimes spéciaux de retraite menacés. Le forfait quotidien hospitalier bondit de 55 à 70 francs. Les dépenses sociales sont en voie d'être plafonnées. « Juppé, trahison, retrouve la raison », scandent dans la rue les médecins, déguisés en bagnards faute d'avoir trouvé des panoplies de cocus.

Même les chômeurs ont été appelés à la rescousse pour acquitter un nouvel impôt, le remboursement de la dette sociale (RDS). Quant aux retraités modestes, soumis à deux hausses de 1,2 point de leur cotisation d'assurance-maladie en 1996 et 1997, ils croient à une erreur de casting…

Avec une telle avalanche d'impôts, de taxes et de modifications de statuts, tous les ingrédients sont réunis pour enflammer le pays. Mais le mécontentement populaire ne se traduit d'abord que dans les sondages.

Le vrai mouvement va naître de l'extraordinaire exaspération des syndicats. Le 24 novembre, la SNCF, où la CGT et FO dominent, bascule dans la grève. Ce sont les cheminots qui vont mettre le feu aux poudres. Quatre jours plus tard, la RATP cesse à son tour le travail. A partir du 4 décembre, les transports publics seront rejoints par la Poste, les hôpitaux, EDF-GDF. Puis les étudiants des universités, qui manifestent depuis six semaines, opèrent à leur tour la jonction. Laissant un Alain Juppé soudain désemparé.

Le match Juppé-Blondel

Car si le premier ministre a commis une erreur en refusant la concertation préalable, il persiste en négligeant toute négociation. Face aux syndicats, Alain Juppé joue depuis le début à contre-emploi. Pour commencer, il rompt les ponts avec le représentant syndical qui devrait normalement être le plus proche de lui : Marc Blondel.

Force ouvrière est, de par son histoire, tout sauf antichiraquienne. Blondel peut bien avoir été formé par le trotskisme et affirmer qu'il a toujours voté socialiste, il sait que FO compte bon nombre de militants RPR. « Le général » affiche d'ailleurs d'excellentes relations avec Jacques Chirac, avec qui il partage le goût de la bière et des déjeuners à la bonne franquette. Le président l'a consulté avant de choisir les deux conseillers sociaux de l'Elysée et de Matignon. Antoine Durrleman, lorsqu'il conseillait Chirac à l'Hôtel de Ville, passait pour un bon camarade aux yeux de FO et a eu son aval pour rejoindre Juppé. En somme, Blondel a toujours pensé que la victoire chiraquienne lui donnerait un rôle de premier plan.

Ses rapports se sont pourtant rapidement dégradés avec Alain Juppé. Par divergence politique autant que par différence de personnalité. En cet automne 1995, le discours du patron de FO ne paraît se forger qu'en opposition à la ligne du premier ministre. Il est contre le gel du traitement des fonctionnaires, contre l'alignement des retraites du service public sur le régime des salariés du privé, contre le débat public sur les moyens de résorber le trou de la Sécurité sociale et contre les élections à l'intérieur de la « Sécu ». Autant dire qu'aux yeux d'Alain Juppé, il incarne à lui seul tout ce que la France peut produire de conservatisme.

Marc Blondel a toutes les raisons de s'opposer au chef du gouvernement. Car le premier ministre a bel et bien décidé de briser son pouvoir. Sa réforme de la Sécurité sociale ne peut s'accomplir qu'en dépossédant FO de sa mainmise sur l'assurance-maladie. Et le premier ministre est décidé à s'y atteler.

Blondel, qui a cru un temps que ses bonnes relations avec le président le protégeraient de toute attaque, doit se rendre à l'évidence. Chirac, après l'avoir reçu de façon charmante et amicale, ne lui promet rien, ne lui donne aucun gage et le renvoie à ses négociations avec Juppé.

Bretelles et technocratie

Juppé et Blondel, tout oppose ces deux hommes. Juppé goûte peu les déclarations tonitruantes, s'exaspère des déjeuners qui n'en finissent pas, et juge les bretelles du syndicaliste tout ce qu'il y a de plus vulgaire. Blondel trouve que Juppé a le profil parfait du « technocrate ». Et dans sa bouche, ce n'est assurément pas un compliment.

A la fin de l'été 1995, ils ont pourtant eu quelques bons moments ensemble. Juppé, qui commençait sa chute dans les sondages, s'est ouvert à Blondel des blessures que peut causer l'impopularité. « Des agriculteurs bordelais avaient déposé une tonne de melons devant la porte de ses parents, raconte le syndicaliste. Il en était très affecté. » Blondel et Juppé ont une mère du même âge, 85 ans. Cela crée des liens. « Pour le réconforter, raconte Blondel, je lui ai raconté que j'avais été obligé de demander à un camarade postier de filtrer les journaux qui arrivent chez ma mère : trois fois sur quatre, lorsqu'on parle de moi, c'est pour me présenter comme un voyou... Cela lui fait un choc. » Depuis, pourtant, les allusions affectives et personnelles ont été éliminées de leurs conversations. « Juppé a voulu professionnaliser les rapports », confirme Matignon. Comment Blondel, fumeur de cigares et amateur de bons vins, pourrait-il supporter ce comportement de pisse-froid ?

« Ils ont deux tempéraments qui ne s'accordent pas, reconnaît Dominique Perben qui, comme ministre de la Fonction publique, voit les deux hommes s'affronter. Juppé est un homme rationnel, allergique au double langage. Marc Blondel est un paysan, un maquignon sur le marché aux bestiaux. Dans sa bouche, il y a toujours un discours officiel et un discours parallèle. Et trois fois sur quatre, c'est son discours parallèle qui permet de déboucher sur une issue… »

« Il ne veut rien comprendre ! »

En somme, les deux hommes ne se comprennent pas. Paradoxalement, Alain Juppé préfère encore traiter avec Louis Viannet. « Au moins, on sait clairement d'où il parle et ce qu'il veut », dit-on à Matignon du leader cégétiste. Depuis un an, « Loulou » pèse de tout son poids pour convertir son organisation à un « changement maîtrisé ». Sous son égide, la CGT vient de reprendre contact avec le patronat, avec qui a été signé un accord important. Plus distant que ses prédécesseurs à l'égard du Parti communiste, Viannet tente de renouer avec une politique contractuelle dont la CGT était absente depuis près de vingt ans.

A force de jouer les paysans rusés, Marc Blondel, lui, rend fou l'énarque rationnel que reste Juppé. « Blondel s'engageait devant Juppé en tête-à-tête, se souvient sa collaboratrice Agathe Sanson. Puis il s'empressait d'affirmer le contraire dans la cour, devant les micros. » « Entre eux, il y a eu des problèmes de traduction », confirme en souriant Maurice Gourdault-Montagne.

Il ne croit pas si bien dire. Au cœur du conflit, lorsque le patron de FO se rend à Matignon pour négocier, le dialogue tourne vite à la provocation. « Je vous le dis clairement, monsieur le premier ministre, j'ai un mandat de mon organisation qui réclame le retrait pur et simple du plan Juppé », commence Blondel, avant de glisser finement : « Néanmoins, si vous voulez, nous pourrions regarder ensemble les problèmes techniques… »

En face, Juppé est devenu blême. Deux ou trois phrases et le ton est monté. Voilà le premier ministre qui traite le syndicaliste d'« irresponsable ». A ses côtés, Jacques Barrot et Bernard Pons, qui en tant que ministre des Affaires sociales et ministre des Transports participent aux négociations, sont obligés de le prendre par le bras pour le calmer. Marc Blondel assure aujourd'hui en toute innocence : « Le premier ministre n'a rien voulu comprendre. Lorsqu'un syndicaliste réclame le retrait d'un plan tout en proposant de continuer à en discuter, c'est qu'il n'en fait pas un préalable… »

Leurs relations ne seront donc qu'une longue série de rendez-vous manqués et de petites vexations. Pour nombre d'observateurs, il s'est passé quelque chose de passionnel entre les deux hommes. « Blondel a ressenti une vraie vexation devant Juppé, dit encore Dominique Perben. Il a eu l'impression que le premier ministre le méprisait. En face, Juppé a eu l'impression que Blondel le trompait. » Aujourd'hui encore, le malentendu n'est pas soldé. « Quand on se regarde dans les yeux, constate le patron de FO, il y a quelque chose qui ne va plus. »

Une alliée fragile : Notat

Heureusement, il y a Nicole Notat. D'elle, Alain Juppé ne pense que du bien. Il la juge intelligente, progressiste, courageuse. Elle ne serait pas secrétaire générale de la CFDT qu'il la verrait parfaitement ministre. « Elle en a l'étoffe », dit-on à Matignon. Il serait volontiers tenté de ne reconnaître qu'elle comme interlocutrice.

Car sur le fond du dossier de réforme de la Sécurité sociale, Nicole Notat et Alain Juppé ont des analyses semblables. Réformiste par culture, la CFDT planche depuis des années sur le sujet. Réaliste par conviction, Nicole Notat, à l'instar d'Edmond Maire qui fut son mentor à la CFDT, n'hésite jamais à dire le bien qu'elle peut penser d'un projet, fût-il proposé par un gouvernement de droite.

Si elle s'oppose au gel du pouvoir d'achat des fonctionnaires, Notat soutient donc que « la réforme est la meilleure garantie pour les assurés sociaux ». D'une certaine façon, Juppé admire cette femme qui poursuit un objectif inhabituel chez les syndicalistes français : prouver qu'un syndicat démocratique peut juger les actes d'un gouvernement sans tenir compte de sa couleur politique.

Ce courage-là lui vaut bien des critiques à l'intérieur même de la confédération. Et depuis qu'elle a publiquement approuvé le principe d'une assurance-maladie universelle et l'élargissement de la CSG, Nicole Notat ne peut plus apparaître dans une manifestation sans être sifflée et même sérieusement bousculée par les militants les plus durs de sa propre organisation.

Cela ne l'empêche pas de tenir bon. Et de remarquer que l'adhésion des idées se fait à double sens : la réduction du temps de travail, thème fétiche de la CFDT, n'a-t-elle pas été reprise à son compte par le gouvernement ?

Depuis la rentrée, le premier ministre la ménage donc, l'écoute, au besoin suit certaines de ses observations. Sur le terrain social, pourtant, l'alliance est sans effet.

Un… puis deux millions de manifestants

Le premier ministre s'engage en effet dans le plus gros conflit social depuis mai 1968. Une incroyable épreuve de force. Le mouvement ne cesse d'enfler. Le 28 novembre, pour la première fois depuis la scission de 1947, le secrétaire général de la CGT et le secrétaire général de FO ont échangé une poignée de mains publique, dans le carré de tête d'une manifestation parisienne. L'alliance syndicale des deux compères fait la une des journaux. Un formidable coup de pouce à toute la grève.

Le 5 décembre, plus de 600 000 personnes manifestent dans toutes les villes du pays. Près de 250 défilés sont recensés dans l'Hexagone. En face, Alain Juppé refuse toujours de prononcer le mot « négociation ». Il continue d'affirmer que « la France n'a le choix qu'entre le changement ou le déclin ». Mais la pression de la rue est trop forte. Il doit faire un geste. Il propose donc une « concertation » sur les régimes spéciaux de retraite et annonce que la réforme fiscale prévue pour 1996 est reportée.

Cette timide ouverture ne règle rien. Le 7 décembre 1995, plus d'un million de personnes arpentent le bitume dans tout le pays. Le 10, le premier ministre est contraint à une seconde reculade. Cette fois, il renonce à retarder l'âge de la retraite des conducteurs de train et de métro, suspend le contrat de plan à la SNCF et reporte les travaux de la commission Le Vert, chargée de la réforme des régimes spéciaux de retraite des salariés du secteur public. Deux jours plus tard, alors qu'il tente de revenir à la charge en confirmant devant l'Assemblée l'entrée en application de la réforme de la Sécurité sociale, ce sont deux millions de manifestants qui défilent dans toute la France à l'appel de la CGT et de FO.

Alain Juppé continue pourtant de refuser toute faveur à FO, tout en s'appuyant sur une Nicole Notat de plus en plus contestée dans sa propre organisation. Il achève ainsi de dérouter ses propres troupes. Aux commandes du RPR, le secrétaire général Jean-François Mancel voit avec angoisse les protestations des militants s'empiler sur son bureau. « Nos retraités hurlaient, nos médecins nous écrivaient pour nous dire qu'ils ne voulaient plus renouveler leurs cotisations en 1996, se souvient-il aujourd'hui. Et les petits chefs d'entreprise étaient exaspérés de la paralysie du pays. »

Quant à la nouvelle équipe installée au début du mois de novembre à la tête du ministère des Affaires sociales, animée par Jacques Barrot et Hervé Gaymard, elle cherche ses marques au cœur de ce marasme.

Ne pas écorner l'image du président

Ce n'est que le 13 décembre que le président décide enfin de sortir de son silence. Pas de façon spectaculaire, non. Mais en Conseil des ministres, le chef de l'Etat réaffirme sa confiance dans le gouvernement Juppé et assure qu'il n'y a pas « d'autre politique possible ». L'opinion l'entend à peine. Mais le milieu politique comprend qu'Alain Juppé n'est pas encore renvoyé.

Depuis le début du conflit, Jacques Chirac se tient à distance. Le 30 novembre, alors que les grèves commençaient et qu'il se trouvait à Cotonou, au Bénin, pour un sommet de la Francophonie, il n'a trouvé qu'une chose à dire : « Quand les Français se disputent, il faut leur parler de la France. » Pas de quoi faire progresser le débat…

Ses amis le trouvent souvent grave, inquiet de l'ampleur du conflit qui paralyse la France, mais il faut bien se rendre à l'évidence : le président reste relativement absent. Devant ses visiteurs, Jérôme Monod, Raymond Barre, Philippe de Villiers ou Jean-Pierre Chevènement qui défilent dans son bureau pour préparer la conférence intergouvernementale qui mettra au point la monnaie unique, il répète inlassablement : « C'était inévitable, nous traversons une crise de société… » Pourtant, il se refuse à pénétrer dans l'arène au fond de laquelle se débat le premier ministre.

Autour de lui, Claude Chirac et Jacques Pilhan ont très vite donné la ligne avec fermeté. Ils ne veulent pas voir l'image du président écornée par le mouvement.

Depuis, c'est leur point de vue qui s'impose. Les réunions de l'équipe présidentielle, le matin dans le bureau de Dominique de Villepin, se limitent à une revue comptable des forces mobilisées. « Jean-Pierre Denis et Olivier Duthilleux de Lamotte se contentaient d'énumérer le nombre de grévistes et l'importance des manifestations », témoigne un familier. Et si Chirac affirme à chacun qu'il « soutient à fond Juppé », il laisse officiellement son premier ministre seul dans l'adversité.

« J'ai personnellement conseillé au président de ne pas s'afficher trop près de l'événement et de laisser Juppé gérer la crise, raconte le président du Sénat, René Monory. C'est la Ve République qui veut cela. L'Elysée est un lieu que l'on ne peut pas désacraliser. »

« Je vous somme de donner le nombre de grévistes »

Pourtant, les images de ces Parisiens à pied qui, chaque soir, viennent illustrer spectaculairement les récits de la grève, représentent un danger. Le président s'exaspère devant les journaux télévisés de la version qui est donnée du mouvement. Dominique de Villepin explose carrément. Un matin, il a donc téléphoné aux directions des trois chaînes principales, TF1, France 2 et France 3. « Votre façon de relater la grève est scandaleuse, tempête-t-il, je vous somme de donner les vrais pourcentage de grévistes dans chaque administration, service public par service public. Les Français pourront enfin savoir que le mouvement est minoritaire ! » Les trois chaînes se sont exécutées. Le soir même, tous les journaux de 20 heures diffusent des graphiques donnant le nombre des grévistes.

Il n'empêche. Alain Juppé, pathétique, s'accroche à ce qui reste de son plan : sa grande réforme de la Sécurité sociale. Mais plus il serre les dents, plus il s'effondre dans les sondages. A la fin du mois de novembre, il rassemble 65 % de mécontents. Six mois plus tôt, lors de sa nomination à Matignon, il regroupait sur son nom 65 % de Français satisfaits. Jamais, dans toute l'histoire de la Ve République, premier ministre n'a pareillement chuté !

Séguin et Balladur s'en mêlent

Seul dans la tourmente, Alain Juppé n'est pas aidé par son propre camp. Le 2 décembre, Philippe Séguin lui a fait la vacherie de répondre à l'invitation des cheminots grévistes vosgiens. « Vous êtes des citoyens qui font usage de leur droit constitutionnel. A ce titre, vous méritez le respect et l'écoute… Car tous les fonctionnaires sont loin d'être des nantis… » Tonnerre d'applaudissements.

Edouard Balladur de passage à Colombey-les-Deux-Eglises n'en finit pas de vanter les vertus du dialogue pour dissiper les malentendus. Charles Pasqua, à la une de *L'Express*, a lâché un « il faut changer de politique » assorti d'un superbe coup de pied de l'âne : « On ne peut pas diriger ce pays comme on dirige un conseil d'administration. » A l'Assemblée, on ne parle plus du premier ministre qu'avec ces mots : « rigide », « obtus », « condamné ».

Après trois semaines de ce régime, n'importe qui serait effondré. Juppé, lui, est exsangue. « Prenez du poids, mon vieux », lui a conseillé Chirac au sortir d'un Conseil des ministres. A Matignon, on ne dort plus, les conseillers ont les traits tirés.

A plusieurs reprises, Alain Juppé a réuni autour de lui ses ministres concernés pour tenter d'analyser les grèves. Il y a là Bernard Pons, Jacques Barrot, Jean Arthuis et Dominique Perben et même Jacques Toubon, appelé en renfort. On parle de « purge », du ras-le-bol contre Maastricht, contre la monnaie unique, contre le langage économique tout simplement. « C'était un moment très dramatique, raconte Dominique Perben. Nous assistions impuissants à cette sorte de défoulement de la rue, tout en doutant de notre propre capacité à trouver une issue sociale au conflit. »

Chirac s'inquiète

Si l'issue n'est pas sociale, il faut qu'elle soit politique. Dissoudre l'Assemblée ? Le président l'envisage un temps, pensant que de nouvelles élections pourraient changer la donne et l'état d'esprit dans la majorité. Mais la situation est trop risquée et Philippe Séguin lui a une nouvelle fois certifié qu'il ne voulait pas en entendre parler. Changer de premier ministre ? Impossible en pleine crise. Mieux vaut garder Juppé. La solution est donc dans la négociation.

Comme toujours dans ces cas-là, Chirac joue les nounous. Politiquement, son soutien à Alain Juppé n'a jamais flanché. Mais c'est psychologiquement qu'il prend maintenant les choses en main. « Il faut qu'Alain se repose. Annulez-moi ce dîner », commande-t-il désormais à la secrétaire de Juppé, après s'être fait lire l'agenda ultra-chargé du premier ministre. Et lorsque Juppé paraît s'essouffler, il a un sourire conciliant : « Vous avez voulu vous y coller, n'est-ce pas ? »

Parallèlement, pourtant, le président a senti qu'il faudrait intervenir. La grève est désormais devenue insupportable pour le pays. Les marcheurs parisiens sont pathétiques, maintenant que le froid rude de l'hiver est arrivé. Et depuis plusieurs jours, le président ne reçoit plus que des patrons effarés. Le CNPF affirme que la grève fait perdre 20 milliards de francs aux entreprises, soit l'équivalent de 100 000 emplois. Il faut sortir du conflit.

Juppé ne parle plus avec Blondel ? Notat ne tient plus ses troupes ? Viannet maîtrise à peine les plus radicaux du mouvement ? Il faut rediscuter. Jacques Chirac en appelle donc aux vieux briscards de la négociation sociale. Jacques Barrot, et surtout Bernard Pons.

Pons est un fidèle de toujours. Un de ces hommes qui le font rire, le conseillent et ne l'ont jamais lâché. Au plus fort de la rivalité avec Edouard Balladur, c'est lui qui a « tenu » le groupe RPR à l'Assemblée, alors que la plupart des députés mesuraient chichement leur soutien à Chirac. Il l'a toujours conseillé. Il a toujours tout assumé. Combien de compagnons sont autant que lui dépositaires des secrets qui ont accompagné la reconquête du pouvoir par les gaullistes ?

Bernard Pons recolle les morceaux

Bernard Pons n'apprécie pas outre mesure Alain Juppé. Il le juge arrogant, froid et n'a sans doute pas toujours admis que Chirac partage ainsi son affection. Mais Pons sait ce que la politique suppose de contacts humains, d'échanges et d'expérience. Depuis le début du conflit, il est au premier rang des discussions comme ministre des Transports. Mais il s'exaspère de voir qu'Alain Juppé continue de vouloir lui-même tout assumer. « Juppé s'était personnellement impliqué d'emblée. Trop sans doute, dit-il aujourd'hui. J'ai plaidé et obtenu de pouvoir reprendre les négociations à zéro. »

Poussé par le président, accepté par le premier ministre, Bernard Pons obtient donc la nomination d'un médiateur. « Mon idée était qu'il fallait offrir une porte de sortie honorable aux syndicats, dit encore Bernard Pons. On ne sort jamais d'une crise en humiliant les gens. » « C'est lui qui a mis un terme au conflit », assure aujourd'hui Marc Blondel. « Pons a été voir Blondel pour organiser une réconciliation », confirme François Baroin qui observe alors les choses de l'Elysée. « Mon cabinet voyait Blondel, avec mon accord, pour garder le lien, se souvient pour sa part Franck Borotra, ministre de l'Industrie. Mais c'est Bernard Pons qui a joué le rôle principal, en tant que ministre des Transports, en multipliant les entretiens, en faisant passer des messages. »

Personne n'en sort tout à fait comme avant. Pour les syndicats, la période a été une épreuve de vérité. Marc Blondel termine le conflit affaibli. FO est en passe de perdre la présidence de la Caisse nationale d'assurance-maladie au profit de la CFDT. Et personnellement, le « général » sort blessé par la brutalité de Juppé. Il a également le sentiment d'avoir été lâché par son « ami » Chirac. Bernard Pons, qui a pour mission de recoller les pots cassés, mettra plusieurs mois à organiser un rendez-vous en tête-à-tête entre Blondel et Chirac, puis entre Blondel et Juppé.

Nicole Notat gagne en notoriété et en crédit dans l'opinion publique, mais elle achève de se couper de l'aile gauche de son syndicat. Seuls Louis Viannet et la CGT tirent un bénéfice des grandes grèves. La confédération y a consolidé son unité et Viannet a vu émerger le successeur qu'il se cherchait en la personne de Bernard Thibault, patron des 60 000 cheminots militants CGT.

La grande peur du peuple

Pour le pouvoir, la leçon n'est pas moins rude. Alain Juppé mesurait mal les contours exacts du « pays réel », il vient de s'y frotter. Sa réforme de la Sécurité sociale est en marche, mais pour le reste, il sort du conflit en lambeaux. Sa méthode est un échec, sa personnalité est contestée. Seul point positif : si la réforme des retraites est ajournée, « sa » réforme de la Sécurité sociale peut commencer.

A l'Elysée, on souhaite analyser ce qui s'est passé. Jean-Pierre Denis, qui revient de courtes vacances le 31 décembre pour relire avec le président son message de vœux aux Français, s'entend proposer : « Au fait, maintenant que vous êtes là, rendez-vous demain matin pour discuter des vraies raisons des troubles… » Mais sur le fond, Chirac ne remet pas en question sa grille de lecture du pays. Il voit surtout dans la grève qui vient de s'achever « la grande peur du peuple devant le changement qui l'attend ». Un conservatisme de toutes les catégories sociales mêlé au désarroi devant la brutalité de la société. Le président affiche sa sérénité : « Qu'est-ce qu'un mois de grève, lorsqu'on a sept ans pour réformer ? »

8

Séguin ronge son frein

Ces déjeuners servent-ils encore à quelque chose ? Depuis qu'ils se retrouvent presque chaque mardi en tête-à-tête, dans le salon des portraits de l'Elysée, Philippe Séguin et Jacques Chirac sont passés maîtres dans l'art d'éviter les sujets difficiles. Ils évoquent le plus souvent des affaires de politique étrangère, parient en passant sur le résultat d'un match de football, mais peuvent rester deux heures à tourner autour du pot sans aborder leur préoccupation commune la plus brûlante : le rôle que tiendra Philippe Séguin dans le système chiraquien. « Pourquoi parler des choses qui fâchent ? » sourit parfois Séguin.

Le non-dit est une constante chez ces deux hommes-là. Non-dit sur les ambitions de Séguin, non-dit sur sa rivalité avec Juppé, non-dit sur ce mélange de mépris et d'affection qu'il nourrit depuis toujours pour son aîné. Mais depuis quinze ans, leurs relations sont ainsi. Chirac sait ce que le talent, la hauteur de vues, le charisme du président de l'Assemblée nationale peuvent lui apporter. Il sait aussi que Séguin a plusieurs fois choisi de sonner la charge contre lui. Ils se tutoient, s'appellent par leurs prénoms, « cher Philippe » et « cher Jacques », mais se méfient l'un de l'autre.

« Cher Jacques », surtout, n'a rien oublié du passé. Les souvenirs qu'il a gardés sont mordants et cruels. Il y a eu d'abord une phrase sans appel, assénée en 1988, alors qu'il était encore écrasé par son échec face à François Mitterrand : « Le RPR a autre chose à faire que de soutenir les candidatures de Chirac », avait alors jugé « cher Philippe ». Chirac a cru qu'on lui assénait le coup de grâce.

Mais il y a eu ensuite un vote. Celui qui l'obligea à mesurer son influence au sein du RPR, face à la fronde menée par Séguin, aux côtés de Charles Pasqua, en 1990. Les deux hommes voulaient le contester. Il les renvoya à leur minorité : 31,4 % des voix. Pourtant, comment ne pas sortir fragilisé d'un combat face à ce duo revendiquant un bout de la croix gaulliste ?

Enfin, il y a eu une absence. Le 12 novembre 1994, alors que Chirac quittait la présidence du RPR pour se lancer dans une bataille présidentielle dans laquelle il faisait déjà figure de vaincu, Séguin lui fit faux bond. Sur la pelouse de Reuilly, à Paris, où étaient réunis des militants fidèles et sans espoir, Séguin refusa de venir. Lâchant ainsi le candidat qu'il était censé soutenir.

Bien sûr, ces dernières années, Chirac a pu ensuite mesurer « l'utilité » du président de l'Assemblée. Il a pu constater sa capacité à enthousiasmer une campagne électorale. Mais il y a entre eux ces petites trahisons. Chirac sait qu'il faut ménager Séguin. Il sait aussi qu'il lui faut s'en méfier.

« Philippe m'a donné une idée »

Pragmatique, le président se résout pourtant à faire ce qu'il appelle parfois « de la gestion de caractère ». Car Philippe Séguin est doté d'une fichue personnalité. Il s'exaspère que la presse n'utilise à son endroit qu'un vocabulaire stéréotypé qui fait la part belle aux « colères », « emportements », et autres « susceptibilités ». De fait, il boude, fulmine ou s'emporte pour la moindre raison. Mais Chirac accepte de fermer les yeux sur tout cela depuis son entrée à l'Elysée : c'est le président qui est désormais en position de force et c'est Séguin qui, au bout du compte, doit composer.

Composer ? D'une certaine manière, oui. Les coups de colère du président de l'Assemblée n'ont pas disparu. Mais leur sujet s'est déplacé. Séguin n'exige plus, comme avant l'élection présidentielle, une égalité de traitement avec Alain Juppé. Mais il peut faire une scène sur des questions de protocole ou s'emporter parce que les obsèques d'Alain Poher ont été fixées à l'heure des questions d'actualité à l'Assemblée. Le chef d'Etat n'en est pas dupe. Quand Séguin discute des questions de préséance, c'est bien parce qu'il ne peut exprimer des exigences plus politiques. « Ce n'est pourtant pas la tentation qui manque », explique l'entourage du président de l'Assemblée.

Mais Séguin et Chirac entretiennent une de ces relations complexes où chacun des partenaires, tenté par la rupture, se jure « cette fois, je lui dis que cela ne peux plus durer », sans jamais parvenir à le faire. Séguin râle, s'exaspère contre Chirac, mais lorsqu'on lui demande s'il le lui a fait savoir à haute voix, il bougonne : « Non. Ce n'est pas le moment. » Politiquement, la situation est frustrante pour Séguin. Pour Chirac, elle réclame seulement un certain doigté. Mais le président préfère encore mille fois la scène de ménage au divorce. Aussi consent-il à entretenir avec Séguin ce rapport affectif et en somme peu gênant.

Pour le ménager, Chirac le flatte. Pour mieux le flatter, Chirac l'utilise. « Philippe propose une solution », « Séguin m'a donné une idée », annonce-t-il de plus en plus souvent à ses collaborateurs depuis l'été 1995. Et, afin de ménager toute susceptibilité, l'Elysée prend soin de reprendre, de faire suivre et d'informer de la suite donnée à toute suggestion du président de l'Assemblée. En mémoire du passé et de la contribution de Séguin à la victoire de 1995. Et en prévision de l'avenir et du rôle que celui-ci pourrait y jouer.

Séguin en phase d'atterrissage

Car les deux hommes ont partie liée. Nul n'a oublié que Séguin, formidable orateur, a donné à la campagne de Jacques Chirac la dimension et le tonus qui lui manquaient. Tout le monde croit encore qu'il reste le plus probable remplaçant de Juppé. A cause de cela, Chirac candidat a sans doute pris des engagements à son égard. Des engagements formels et des engagements implicites.

En 1995, le président a renoncé à dissoudre l'Assemblée nationale. Sur la demande de Séguin. Six mois après avoir été élu, fin 1995, Chirac a bien tenté une ouverture : « Que penserais-tu d'une dissolution ? » Mais l'autre s'est montré toujours aussi intraitable : « Tu as déjà la plus grosse majorité possible à l'Assemblée. » Le président n'a plus insisté avant un bon moment.

Mais l'autre engagement, celui qui tenaille Séguin et l'oblige à rester silencieux, est bien cette perspective d'aller un jour à Matignon, que le président a évoquée devant lui. L'a-t-il dit si formellement ? « Pendant la campagne présidentielle, assure François Fillon qui a toujours été très proche de Séguin, Chirac a clairement exprimé que s'il y avait maintenant un premier temps avec Juppé, il y aurait ensuite un deuxième temps avec Philippe. » Mais Fillon reconnaît aussi le « seul problème » qui accompagne cette belle promesse : « Chirac n'a effectivement jamais fixé de calendrier. »

Et c'est bien là la difficulté. Pendant les grandes grèves de l'hiver 1995, Séguin a cru son heure arrivée. Alain Juppé, incapable de faire face à la révolte de la rue, paraissait fragilisé et sur le point d'être renvoyé.

« Il est clair qu'à ce moment-là, il s'est vraiment préparé, souligne aujourd'hui Michel Péricard qui, alors président du groupe RPR à l'Assemblée, occupe un poste d'observation privilégié. On savait qu'il faisait faire un nombre impressionnant de notes et que de plus en plus de gens travaillaient pour lui. » « Dans cette période, il s'est mis en travail d'approche, prêt à sortir le train d'atterrissage », sourit le plus proche conseiller de Charles Pasqua, William Abitbol, qui tente dès novembre 1995 de ranimer les dernières braises du duo soudé lors du combat contre Maastricht. « Il pensait en effet qu'un premier ministre incapable d'entretenir le dialogue social peut sauter à tout moment», confirme enfin François Fillon, qui voit alors Séguin plusieurs fois par semaine.

Mais, dès les premiers mois de 1996, le président de l'Assemblée a dû renoncer. Passant par toutes les affres du doute, de l'espoir et de la déception. A la grande joie des amis d'Alain Juppé qui, comme Dominique de Villepin, le secrétaire général de l'Elysée, affirmeront encore jusqu'à la défaite des législatives de 1997: «Séguin a sans doute cru son heure venue, mais il n'a jamais rien osé dire au président. Tout son problème est qu'il n'a jamais eu l'impression d'être désiré comme premier ministre. Et il ne se trompe pas.»

Séguin apprend à s'autocensurer

Depuis, le «premier ministre potentiel» passe par des hauts et des bas. «Jusqu'au printemps 1996, bien qu'il s'en défende, je suis certain qu'il a cru pouvoir aller très vite à Matignon, analyse encore François Fillon. Ensuite, ses espoirs se sont nettement éloignés.»

Séguin a pourtant fait les efforts nécessaires pour se rendre acceptable. En mai 1995, il avait négocié directement avec Chirac l'entrée de quelques-uns de ses fidèles au gouvernement. En novembre, lors du remaniement, il a laissé les choses se faire. Franck Borotra est devenu ministre sans son intervention et François Fillon a été rétrogradé à un ministère délégué (mais sous la tutelle du séguiniste Borotra) sans que le président de l'Assemblée en manifeste la moindre humeur.

Lorsqu'il désapprouve en son for intérieur la politique menée, il apprend à s'autocensurer. Le discours du 26 octobre 1995 et le choix de la monnaie unique par le président l'ont obligé à mettre, sur l'Europe, de l'eau dans son vin. En privé, face à Chirac, il a fait savoir qu'il était convaincu que le gouvernement irait ainsi « dans le mur ». Mais à Aix-la-Chapelle, dès le mois de janvier 1996, il a officiellement enterré la guerre contre Maastricht et intégré les grands choix politiques et monétaires des partenaires européens. « Séguin est suffisamment intelligent pour comprendre qu'il vaut mieux sauter dans le wagon de l'Europe que de rester cloué sur le quai », constate avec satisfaction son rival du Sénat, René Monory.

Malgré les tentations qui le démangent de prononcer, enfin, un de ces grands discours d'opposition qui ont fait sa gloire, Séguin reste discret. Le « Munich social » servi brutalement à Edouard Balladur en 1993 n'a pas été ressorti. Et depuis, il attend. Quoi ? Une opportunité, disent ses amis.

Car il a préparé depuis longtemps sa porte de sortie. Deux mois avant l'élection présidentielle, en meeting dans sa ville d'Epinal, le 31 mars 1995, il a lancé à celui qui n'était encore que le candidat Chirac un vibrant appel : « Si demain comme je l'espère, tu gagnes cette élection, ne te laisse pas voler ton message, ne te laisse pas voler ta victoire, n'oublie pas le pacte républicain. » Depuis, tous les chiraquiens attendent le jour ou Séguin lancera son « Jacques, tu as oublié... » Mais toutes les occasions ont, pour l'instant, été repoussées.

« Tu devrais voyager à l'étranger »

Philippe Séguin s'est donc ennuyé à partir de la victoire de 1995. Il a du temps, « trop de temps », disent ses amis. Il écrit, reçoit beaucoup, réfléchit plus encore, mais passe aussi par de grandes périodes de désœuvrement, résistant à peine à la tentation de s'offrir des festins de pizzas devant la télévision grand écran installée dans son bureau.

L'interdiction de parler qu'il s'oblige à suivre n'est pas nouvelle pour lui. Tous les compagnons du RPR ont déjà assisté à ces bureaux politiques surréalistes où, en plein débat sur Maastricht, « Philippe » restait deux heures sans proférer le moindre son pour ne pas s'emporter. Mais cette situation l'oblige à vivre dans un état de tension permanente.

« Le problème de Séguin est que le niveau de ses réflexions, de ses propositions, est celui d'un président de la République, pas celui d'un premier ministre », assure encore un de ses proches. Et le chef de l'Etat le sait sans doute.

S'il l'écoute, Chirac se garde donc bien de lui faire la moindre proposition. Mais il le conseille comme s'il intégrait inconsciemment la perspective de cette ambition qui consiste, au fond, à lui succéder. Plusieurs fois, dans les premiers mois qui ont suivi mai 1995, il s'est risqué à proposer : « Tu devrais faire de l'international, qu'on te voie, te faire connaître à l'étranger. » Est-ce bien le conseil que l'on donne à un prochain premier ministre ? Séguin se vexe, puis comprend. Il reçoit chefs d'Etat et premiers ministres étrangers, s'entretient avec

Hassan II ou Yasser Arafat et prépare même « en éclaireur » le voyage présidentiel de Chirac au Proche-Orient. Mais en secret, il ronge son frein. Car sept ans, c'est long. Et il préférerait, à tout prendre, commencer par occuper Matignon.

Séguin voit bien que tous les efforts du président pour le ménager sont à double détente : Chirac travaille à sa propre tranquillité, mais veut surtout éviter toute contestation de la politique d'Alain Juppé. Pire, il sait tout ce que Chirac fait pour Juppé. Y compris à son détriment. « Chirac a toujours raconté à Juppé une grande partie de ses déjeuners avec Séguin, affirme la collaboratrice du premier ministre, Agathe Sanson. Il l'a ainsi toujours prévenu de tout ce qui pourrait poser problème entre eux. » Et c'est bien cela qui l'exaspère.

Deux ennemis de quinze ans

Peut-on imaginer plus grand martyre que de voir son rival cumuler tous les pouvoirs ? Philippe Séguin supporte pourtant cette torture depuis longtemps.

Séguin et Juppé sont en duel permanent. Une rivalité dont tout le monde a oublié l'origine mais dont chacun peut témoigner à chaque instant. Le plus étonnant est que… leurs attachées de presse respectives, Manuela Isnard et Agathe Sanson, sont les deux meilleures amies du monde. Les deux jeunes femmes s'appellent sans cesse, partent en vacances ensemble mais ont pris le parti d'éviter d'évoquer trop souvent les « cas » de leurs patrons. A quoi cela servirait-il ?

Etre ennemis depuis quinze ans, c'est tout de même quelque chose.

Les deux hommes sont aussi dissemblables qu'on peut l'imaginer. Séguin est un intellectuel lyrique, Juppé un rationnel efficace. L'un en appelle à Bonaparte, l'autre cite Jacques Rueff. L'un est né au bord de la Méditerranée, en Tunisie, l'autre a passé son enfance sur les plages d'Hossegor battues par les vagues de l'océan Atlantique. Tout les sépare, leurs goûts, leurs choix, leur style. Depuis tant d'années qu'ils se connaissent, leurs relations ne se résument qu'à une opposition. Pizzas contre ortolans, boulimie contre ascétisme, Maghreb contre Venise, football contre course à pied, grandeur de la France contre modernité économique.

Mais ce qui les rend rivaux est encore leur seul point commun : la génération. A deux ans près ils ont le même âge. Séguin est né en 1943, Juppé en 1945. « Quoi que je fasse, je le trouverai sans cesse sur mon chemin », en a conclu depuis longtemps Juppé. « Il ne croit pas si bien dire », pense depuis longtemps Séguin. Et après le duel Chirac-Balladur, le RPR vit dans l'angoisse d'un nouveau combat fratricide…

De l'automne 1995 à juin 1997, ce qui mine Philippe Séguin est pourtant le constat qu'il fait de l'avance de son rival. Le premier ministre peut bien prendre soin d'inviter Séguin à déjeuner tous les deux ou trois mois et le tenir au courant du règlement du conflit des routiers comme des sommets sur l'emploi. Dans le combat feutré que les deux hommes se mènent, les meilleurs points sont alors incontestablement marqués par Juppé.

Passe encore que le « chouchou » de Chirac ait gagné Matignon après seulement quelques mois de campagne. « De toute façon, vu la situation, ce n'est pas une partie de plaisir », se console le président de l'Assemblée. Mais depuis octobre 1995, il a encore conquis la présidence du RPR. Et si Séguin affirme à qui veut l'entendre « Je ne peux pas l'empêcher de vouloir à tout prix se planter », il lui reste le sentiment d'avoir été dépossédé. Et le goût de prendre une revanche.

Minoritaire au sein du RPR

Car Séguin sait bien que, dans cette période, sa faiblesse est de ne pas encore diriger le mouvement. Depuis qu'il s'est politiquement affirmé, il ne cesse de remporter les plus grands succès auprès des militants du parti gaulliste. On le réclame dans les fédérations, on l'applaudit à tout rompre dans les meetings. Mais l'engouement en reste là. Il n'a pas su placer ses hommes, constituer ses réseaux, bref, il ne tient pas le parti.

Face à lui, Alain Juppé a toujours agi en stratège. A ses yeux, « Philippe est un narcissique qui oublie ses équipes ». Quand Séguin se contente de recueillir les vivats des gaullistes, Juppé se préoccupe de nommer ses hommes à des postes-clés. Et c'est bien ce constat qu'a dû faire le président de l'Assemblée, en octobre 1995. Alors que les assises du RPR allaient aboutir à élire le successeur de Chirac à la présidence du mouvement, il n'a pu que constater que le rapport de force était contre lui.

« Nous avons eu vite fait de compter nos voix, se souvient François Fillon. Nous avons regardé chaque fédération et nous avons dû constater que nous pouvions bien faire un score honorable, nous resterions minoritaires [1]. » Alain Juppé, qui occupe le poste de secrétaire général du mouvement depuis juin 1988 et a raflé la présidence par intérim dès 1994, a en effet pris soin de nommer des proches à presque tous les postes de secrétaires départementaux. Même verrouillage au niveau des instances nationales, où les jeunes fidèles de Juppé sont servis les premiers : Pierre Bédier s'est vu confier la responsabilité des fédérations, Frédéric de Saint-Sernin s'occupe des études et sondages et le prometteur Jean-François Copé pilote le programme électoral en vue de législatives... Une façon sûre de tenir les militants séguinistes en respect.

En face, les partisans déclarés du président de l'Assemblée nationale se comptent les doigts d'une seule main : les ministres François Fillon et Franck Borotra, le député des Yvelines Etienne Pinte constituent l'essentiel de sa force de frappe. « Séguin a toujours eu une démarche solitaire au sein du mouvement, assurait au début de 1997 Jean-François Mancel, qui "tenait" alors le RPR pour le compte d'Alain Juppé. Il ne participe jamais aux réunions du bureau politique, il n'a pas de réseaux. Cela ne l'empêche pas d'être aimé des militants. Mais cela lui barre l'accès à la présidence du parti... »

« Séguin n'a pas eu de stratégie de conquête de l'appareil, assure alors Pierre Bédier, placé par Juppé au

1. Les séguinistes ont depuis retenu la leçon. Dans la direction collégiale que Philippe Séguin a provisoirement installée en prenant la tête du RPR, son fidèle François Fillon a été chargé de reprendre en main les fédérations.

poste stratégique du contrôle des fédérations. En fait, il juge cela médiocre. Il fait une grosse erreur. » Et, à l'époque, tout cela est encore vrai.

Le 15 octobre 1995, lorsque les assises ont lieu, Alain Juppé a donc été confirmé « naturellement » à son poste de président du RPR avec 92,61 % des voix. Philippe Séguin a renoncé à se présenter. « S'il avait estimé utile et possible d'être candidat, je pense qu'il aurait fait la démarche », constate avec satisfaction le juppéiste Patrick Stefanini.

Depuis, Séguin est alors marginalisé au sein du RPR, alors même qu'il considère incarner le plus fidèlement le gaullisme… Il a renoncé à relancer son mouvement Demain la France, avec Charles Pasqua. Et même ses quelques coups de sonde auprès des cadres du mouvements (tous nommés par Juppé) se sont soldés par des échecs.

La défiance du président

Ce qui identifie la démarche de Philippe Séguin est aussi ce qui peut l'handicaper. Politiquement, son nom reste associé à son combat contre le traité de Maastricht. Et les nombreuses nuances qu'il a depuis apportées à ses critiques contre la monnaie unique, n'ont pas totalement effacé sa réputation, certes hâtive, d'anti-européen. Sur le plan économique, il se rapproche parfois très franchement de la gauche socialiste, fustigeant les tentations libérales pour au contraire souligner l'importance du rôle de l'Etat dans les créations d'emploi. Enfin, ne reste-t-il pas le héraut de « l'autre politique », moins soucieuse de la réduction des déficits que de la fracture sociale ? En somme le choisir à Matignon pourrait vouloir signifier, aux yeux des partenaires européens comme aux yeux des marchés, un changement radical des options jusqu'ici choisies.

Pourtant, ce sont encore les raisons psychologiques que Chirac évoque le plus souvent pour justifier qu'il maintienne ainsi à distance Philippe Séguin. Le président craint son caractère passionné. Il connaît son ambition, il devine son mépris. Séguin lui-même n'a jamais vraiment cherché à sauvegarder les apparences et, s'il a un profond respect pour la fonction présidentielle, il juge parfois cavalièrement Jacques Chirac. Le 14 juillet 1996, ne l'a-t-on pas vu quitter la garden-party de l'Elysée en plein entretien présidentiel, jurant les yeux au ciel devant les journalistes : « C'est plus que je n'en peux supporter… » ?

Lorsqu'il est franchement en colère, Séguin est le seul responsable politique du pays capable de refuser de prendre le président au téléphone. Généralement, au bout de plusieurs tentatives infructueuses, Chirac, pragmatique, appelle finalement Roger Karoutchi, le conseiller de Séguin : « Ecoutez, je sais que Philippe est là et qu'il ne veut pas me parler, passez-le-moi quand même, c'est urgent. »

Ce mélange de bouderies et de rivalités a depuis longtemps convaincu Chirac qu'il lui faudrait à tout prix maintenir avec Séguin un rapport de force, une sorte de paix armée. Au moment où les difficultés se profilent, le président est plus que jamais décidé à utiliser son « allié » sans jamais le laisser empiéter sur la moindre parcelle de son pouvoir.

9

Impardonnable Nicolas

C'est un soir d'été, en juillet 1996. On ne sait toujours pas d'où est venue la rumeur, mais elle est parvenue jusqu'au président qui, aussitôt, téléphone à Jean-Louis Debré : « Sarkozy s'est suicidé. Tu peux vérifier ? »

A l'aube, un petit groupe de gendarmes est discrètement dépêché sur la Côte d'Azur. Il faut faire vite. Les militaires gagnent d'abord la propriété de Bernard Arnaud, le patron de LVMH, avec lequel Sarkozy passe souvent quelques jours. Les informations de la préfecture sont fausses : Nicolas n'y est pas. Ils suivent donc une deuxième piste : la superbe villa de Martin Bouygues, à quelques kilomètres de là. Pas un chat. La matinée est superbe. Les Bouygues et les Sarkozy sont partis en voilier jusqu'à l'île de Porquerolles pour un déjeuner de langoustes.

C'est là que Sarkozy apprend sa mort supposée, avant que les gendarmes n'aient pu vérifier quoi que ce soit. A Neuilly, son chef de cabinet Brice Hortefeux a déjà reçu vingt coups de fil réclamant confirmation du « suicide ». Fou d'angoisse, il a fait le numéro du portable de Nicolas pour… tomber directement sur lui. Sarkozy se porte comme un charme. Mais ses vacances sont irrémédiablement gâchées.

Comment ne comprendrait-il pas tout ce que cette rumeur recèle de désirs inconscients ? Comment ne verrait-il pas avec effroi se dessiner ce que ses adversaires espèrent ? « Je les vois déjà composant le tableau clinique, enrage le faux suicidé. Ils auraient voulu pouvoir dire de moi : écarté du pouvoir, il n'a pas supporté sa déchéance. C'est nauséabond. »

Il n'a pas tort. Dans le petit cercle du pouvoir chiraquien, on a pris la rumeur très au sérieux parce qu'elle touche le symbole le plus éloquent de la déchirure qui marqua 1995. Que Sarkozy, que l'on considère comme un « traître », puisse s'être finalement donné la mort, sonne comme une punition suprême. La seule susceptible de racheter une faute, elle aussi suprême, aux yeux des chiraquiens.

Le péché ? Avoir été le plus brillant soutien de Chirac. Le plus amusant, le plus ambitieux, le plus politique, le plus ressemblant des fils du chef gaulliste. Mais ne pas avoir cru à sa victoire. Avoir lâché prématurément son mentor en considérant qu'il était insuffisant, sans épaisseur, fini. En somme, avoir la superbe arrogance de jouer les salauds…

C'est mal connaître Sarkozy, pourtant, que de penser qu'il puisse se donner la mort pour « ça ». François Léotard, qui goûte fort l'extraordinaire énergie vitale de Nicolas, éclata d'ailleurs de rire lorsqu'on lui rapporta la rumeur. « Tu as ri ?! — Ecoute Nicolas, que tu puisses mourir, c'était plausible. Mais te suicider, c'est tout simplement impossible de ta part. — C'est un compliment que tu me fais, n'est-ce pas ? » Oui, c'est un compliment. Car la vérité est que ce diable de Sarkozy, ce cynique ambitieux soudain battu, ne flanche pas.

« Ça porte bonheur »

En mai 1995, il a été sonné, pourtant. Sonné par la défaite. Elle ne l'a pas surpris. Depuis deux mois, déjà, il savait que « c'était fichu ». « Mais même lorsqu'on s'y attend, on ne s'y prépare pas », dit-il aujourd'hui. En quelques semaines, il est passé du plus haut au plus bas. On le donnait premier ministre d'un Balladur élu président, il est devenu le « traître », condamné à une longue traversée du désert.

Les lendemains d'élection ont été terribles. Impossible de reparaître devant les militants RPR sans être sifflé. Impossible surtout de glisser le moindre bout du pied à l'Elysée. Chirac l'a dit clairement : il rêve de lui marcher dessus, « ça porte bonheur »…

Depuis, Sarkozy fait tous les efforts du monde pour revenir en grâce. Cela ne veut pas dire qu'il se reconnaisse le moindre tort. « Je réfute la notion de pardon, crâne-t-il. Je ne me sens coupable que d'avoir défendu mes convictions. » Mais il déploie des trésors de séduction de toutes parts. Et ses affaires progressent partout. Sauf du côté de Jacques Chirac.

Pendant un an, le président n'a pas dit un mot sur Nicolas l'impardonnable. Pas même une allusion. Tout juste le désignait-il au détour d'une phrase comme « le maire de Neuilly ». Lorsque Alain Juppé lui-même a tenté une timide ouverture, Chirac a seulement rétorqué d'une phrase sans appel : « Celui-là, on en aura besoin quand on en aura besoin. »

Depuis, rien. Lors du remaniement de novembre 95, Sarkozy qui piaffait déjà d'impatience et croyait son purgatoire achevé en six mois, a cru son heure arrivée. Mais le nouveau gouvernement lui est passé sous le nez. « Chirac n'a rien compris à la gravité de la situation », a jugé avec amertume Nicolas. Depuis, il cherche désespérément une opportunité.

Claude et Nicolas

Il faut pourtant croire que la haine de Chirac est profonde. Aussi profonde que l'a été son affection pour lui. Jusqu'en 1993, Jacques Chirac n'a vu en Nicolas qu'un semblable. Un jeune homme qui lui ressemble par son appétit gai et vorace du pouvoir. Un exceptionnel talent d'orateur mis au service d'un vrai goût pour la conquête. « Sarkozy est une bête politique, dit alors Chirac avec admiration. Il est sans foi ni loi. » Le jeune homme est si brillant qu'il séduit tout le monde. Le RPR, la presse et l'ensemble de la famille Chirac, mère et fille comprises. Et cette intimité familiale est essentielle pour comprendre l'ampleur de la désaffection qui suivra.

Après l'échec de la présidentielle de 1988, alors que Chirac est perdu, abandonné, déchiré par sa défaite, Sarkozy peu à peu s'impose comme un de ceux qui, dans la jeune génération, peuvent se mettre à son service. Par habileté, il a noué une relation amicale avec Claude, la fille cadette des Chirac. Nous parlons d'habileté parce que tout le monde sait, au sein du RPR, que Chirac, qui a perdu la confiance aveugle des siens après son échec de 1988, s'est encore rapproché de sa fille. Elle est son rempart, son lien avec la jeunesse. Elle n'est pas encore sa conseillère en communication.

Mais, au-delà de l'habileté de Nicolas, ce sont aussi les circonstances qui resserrent ses liens avec Claude. Moins de dix années les séparent et leur jeunesse les unit dans ce monde peuplé de barons du gaullisme.

Alors que Claude cherche sa voie, Nicolas la prend sous son aile. Il lui apprend comment on organise un meeting et les règles de base de l'utilisation des médias. Il la présente aux journalistes, lui décrypte les coulisses du pouvoir. Pour finir, il la forme et l'éclaire sur sa vraie vocation : la communication politique. Intelligent et psychologue, Sarkozy a vite repéré les faiblesses de Chirac. Le président du RPR doute de lui-même et se juge si médiocre à la télévision qu'il tente d'adopter pêle-mêle les recettes les plus contradictoires de ses conseillers les plus divers. Le résultat est désastreux. Aussi Sarkozy suggère-t-il que ce soit Claude qui gère sa communication. Elle le connaît mieux que quiconque. Elle saura l'amener vers ce qui lui correspond. Pour lui-même, Nicolas ne réclame rien. Mais ce serait inutile. Chirac l'adore et l'a propulsé à la tête de la cellule chargée de sa stratégie présidentielle.

Ce petit détour « historique » est essentiel pour comprendre ce qui a suivi. Car, cinq années plus tard, lorsque Sarkozy choisit de soutenir Balladur et de « trahir » Chirac, c'est aussi cela qui lui sera reproché par les vieux gaullistes : « Il s'est servi de la fille pour pénétrer l'intimité du père. »

La haine de Bernadette

Mais c'est sans doute la mère, Bernadette Chirac, qui lui voue aujourd'hui la haine la plus tenace. Car l'épouse du président garde un souvenir effaré de la campagne présidentielle de 1995 et rend Sarkozy responsable de ses pires débordements.

Une chose, surtout, a provoqué sa rage. Quelques semaines avant le premier tour, la presse a publié une histoire compliquée de terrains que sa famille, les Chodron de Courcel, aurait revendus avec une confortable plus-value, au Port autonome de Paris. L'affaire n'a eu aucune suite, ni aucun effet sur les sondages. Mais ce jour-là, Bernadette a trouvé sa mère, âgée de plus de 80 ans, suivant à la télévision le déballage de cette affaire. Un choc pour la vieille dame, ulcérée qu'on puisse croire à la malhonnêteté de sa famille. Depuis, l'épouse du président est convaincue que « ce petit voyou de Sarkozy » a organisé la sortie de cette affaire dans la presse. Ce que Sarkozy nie avec la plus farouche énergie. Quant à Jacques Chirac, s'il n'a pas toujours eu les meilleurs rapports avec sa belle-famille, il confirme l'effet dévastateur du sujet sur le moral de sa femme : « Les Chodron de Courcel sont peut-être des cons, mais ils ne sont pas des escrocs. Qu'on puisse suspecter son honnêteté rend Bernadette malade[1]. »

Depuis, Bernadette Chirac ne cache donc plus qu'elle poursuivra jusqu'au bout Nicolas Sarkozy de sa vin-

1. Rapporté par Nicolas Domenach et Maurice Szafran dans *Le roman d'un président,* Plon.

dicte. Dans les dîners, dans les voyages, lors de déplacements officiels, la première dame trouve souvent le moyen de glisser, comme une fausse confidence : « Ce sera lui ou moi. » Bref, la route de la réconciliation et donc du pouvoir lui est, pour l'heure, barrée.

La stratégie du retour en grâce

Sarkozy, à qui l'on rapporte tout cela et qui sait à quoi s'en tenir sur le caractère des Chirac, a donc entrepris un long travail pour revenir en grâce. Une vraie stratégie, bien dans ses méthodes. « A l'Elysée, croit-il savoir dès le début de 1996, il y a un axe qui me soutient et qui comprend Jacques Pilhan, François Pinault, Jean-Pierre Denis. » Ce sont les trois qu'il lui faut pour reconquérir la famille Chirac, le père, la mère et la fille.

Jean-Pierre Denis, secrétaire général-adjoint de l'Elysée, est resté l'ami du maire de Neuilly par-delà les déchirures de la présidentielle. Sarkozy compte sur lui pour ramener le président à plus de mesure dans son jugement sur lui. Mais a-t-il suffisamment d'audience auprès de Chirac pour contrebalancer les sarcasmes anti-Sarkozy de Dominique de Villepin ? Pilhan serait stratégiquement plus efficace, car en passant par Pilhan, on parvient non seulement au président mais surtout à Claude. Pilhan voit fréquemment Claude Chirac et lui téléphone dix fois par jour. Sarkozy, lui, plus de deux ans après la présidentielle, ne l'a toujours pas revue. Enfin, il y a François Pinault. A ses yeux, celui-là est l'instrument de la réconciliation avec le couple Chirac et notamment avec Bernadette.

Sarkozy fréquente moins Pinault que d'autres chefs d'entreprise comme Bernard Arnaud, Jean-Luc Lagardère ou Martin Bouygues. En fait, Sarkozy a toujours ciblé ses amitiés dans le monde économique : il s'intéresse avant tout aux patrons qui possèdent des groupes de presse ou des télévisions. Ce n'est pas le cas de François Pinault. Mais dans le cas qui le préoccupe, Pinault présente l'avantage d'avoir une épouse, Maryvonne, qui s'est liée d'amitié avec Bernadette. Sarkozy les a séduits. Il ne doute pas que le couple, très ami des Chirac, répercutera ses opinions favorables à l'Elysée.

Dans sa grande habileté, Sarkozy a aussi renoué, un an après la présidentielle, avec Denis Tillinac, l'ami écrivain corrézien de Chirac. Tillinac, depuis quelque temps, ne reconnaît plus son président, s'inquiète du style Juppé, vitupère contre les énarques qui vivent à l'Elysée. Revoir Nicolas, au fond, ne lui déplaît pas. Déjà, en pleine campagne présidentielle, l'écrivain assurait : « Il reviendra parce qu'il est fort, parce qu'il a des idées et qu'il est courageux. En attendant, soyons indulgents : les enfants des années 80 comme lui ont grandi en ignorant l'existence du mot conviction [1]. » Désormais, il se demande si, au fond, l'avocat qu'est Sarkozy ne vaut pas bien des technocrates chiraquiens.

---

1. Rapporté par les auteurs, Raphaëlle Bacqué et Denis Saverot, dans leur précédent livre : *Chirac président, les coulisses d'une victoire*, Le Rocher-DBW.

« C'est donc vrai, ce que l'on dit… »

Ce n'est que sur le tard, dans les premiers mois de 1996, que Sarkozy a finalement cru que sa meilleure chance de revenir s'appellerait Alain Juppé. Juppé, pris dans les faiblesses de son gouvernement et de son impopularité, lui a paru isolé et avide de trouver des soutiens.

Nicolas s'est alors souvenu qu'ils se connaissaient bien : « Il y a des choses de la vie qui nous rapprochent. Nous avons eu nos enfants en même temps. Nous avons aussi divorcé en même temps. » Agathe Sanson, elle, situe leurs relations à un autre niveau : « Ils ont des rapports de grand frère à petit frère. Evidemment, le plus petit veut sans cesse montrer par tous les moyens qu'il est aussi doué que son aîné. Mais le plus grand lui garde son affection. »

Pour autant, au lendemain de la présidentielle, leurs relations avaient mal débuté. Dès sa réélection à l'Assemblée, lors d'une partielle organisée au début de l'été 1995, Nicolas Sarkozy a fait entendre ses critiques dans les travées. La hausse des impôts, les droits de succession, le relèvement de la CSG, tout y est passé. Au point que le premier ministre l'a convié à déjeuner, en septembre 1995, pour tenter d'amadouer ce nouvel opposant éclos au sein même de sa majorité. « J'ai été maladroit et agressif, reconnaît aujourd'hui Sarkozy. Mais je voyais alors un certain panache à ne pas rentrer dans le rang. » Juppé, conciliant, questionne en effet :

— Je t'entends à l'Assemblée critiquer ce que nous faisons. Alors dis-moi ce qu'il faudrait que je fasse ?

— Le contraire de ce que tu fais actuellement.

Autant dire que le ton monte rapidement. Pour finir, Juppé, qui a retrouvé sa susceptibilité, lance :

— Décidément, tu n'as rien compris à ce qui s'est passé ces derniers mois. Tu es toujours aussi arrogant et aussi maladroit avec moi.

Et Sarkozy, faussement accablé :

— C'est donc vrai ce que l'on dit dans Paris…

— Quoi, qu'est-ce qu'on dit à Paris ?

— Que tu n'écoutes plus rien ni personne.

Les deux hommes ne se reverront pas pendant cinq mois.

Il n'empêche, au fur et à mesure que les difficultés se précisent pour le gouvernement, Matignon devient plus désireux de renouer avec Neuilly. Patrick Stefanini, en tant que conseiller, a été chargé de veiller à ne jamais rompre le lien.

Aussi, Sarkozy se croit-il autorisé à dire qu'au fond, Alain Juppé compte sur lui. Nicolas est intarissable lorsqu'il parle des hommes au pouvoir. Voici comment, à l'hiver 1996, il décrit le premier ministre : « Juppé hait définitivement Séguin. De Balladur, il dit lui-même : "Je ne l'aime pas et il ne m'aime pas". C'est quasi épidermique. Il considère Madelin comme un zozo. Il méprise Pasqua qu'il prend pour un voyou. Léotard, il ne le considère pas. "Je ne sais pas ce que l'on trouve à Léotard", soupire-t-il toujours. Quant à moi, je l'énerve. Seulement, que lui reste-t-il comme ami ou soutien ? »

C'est là tout le calcul de Sarkozy. Quand Juppé aura

perdu le soutien des séguinistes et de bien des chiraquiens, il se tournera vers… les balladuriens. « Les balladuriens ont cessé d'exister au soir du premier tour de la présidentielle », affirme Michel Péricard, alors patron du groupe RPR à l'Assemblée. Ce n'est pas tout à fait faux. Mais il reste des réseaux et surtout des amitiés. Sarkozy compte donc bien qu'Alain Juppé plaidera sa cause. Le premier ministre, d'ailleurs, a évoqué plusieurs fois devant Chirac le nom de Nicolas. Il a décidé de le réintégrer au sein du bureau politique du RPR, « bien que la plupart des militants et des cadres ne lui aient pas pardonné », assure Pierre Bédier. Enfin, il le reçoit publiquement à déjeuner. On comprend mieux pourquoi cette rumeur de suicide provoque un choc pour Sarkozy. Car elle vient brutalement lui rappeler que, là-bas, à l'Elysée, on ne rêve toujours que de sa perte.

« On aura besoin de voyous »

A l'automne 1996, les rumeurs de remaniement ont pourtant remis du baume au cœur de Sarkozy. D'abord parce que la presse, à la fois sous le charme de Nicolas et parce qu'elle ne lui trouve pas de rival sérieux pour le poste, ne cesse de le pressentir pour tenir un grand ministère de l'Economie. Ensuite parce qu'il voit bien que le pouvoir cherche une issue. A ses yeux, « Chirac déteste les problèmes. Il aime son confort. Si cela lui paraît utile que je vienne, il me fera venir. Sinon, il ne le fera pas. Point final ». Il ajoute aussi : « Ce qui compte, ce sont les rapports de force et les utilités. Si je ne veux pas faire la carrière d'un Perben, d'un Giraud, ou d'un Barnier [1], il faudra que j'aie de l'énergie. »

En fait, Sarkozy n'a jamais pensé une seconde qu'on pourrait l'empêcher d'accéder au pouvoir. Le barrage que lui fait la famille Chirac est une péripétie ennuyeuse, mais seulement une péripétie. Dans son esprit, il est clair qu'il mènera son chemin jusqu'à la présidentielle. Il a d'ailleurs déjà tracé, en pensée, ce qui se passera : il s'y retrouvera sans plus devoir se soucier des barons du RPR. A ses yeux, son véritable adversaire sera centriste et se nommera François Bayrou.

C'est d'ailleurs pour cela qu'il a opté pour cette ligne politique libérale qui le marque à droite. Il considère que Bayrou voudra ratisser sur la gauche. Il se charge de mener l'autre camp.

En cet automne 1996, à l'Elysée, même Dominique de Villepin, qui jurait avec véhémence : « On se fout de Sarkozy. On n'a pas besoin de lui. Il ne pèse rien », se met à confier, lorsqu'on lui parle de son éventuelle entrée au gouvernement : « Il n'y a pas d'exclusive. »

Eric Raoult, qui aime bien Nicolas, a déjà fait savoir à Alain Juppé qu'il faut le réintroduire dans le jeu, « parce qu'on aura besoin de voyous, explique-t-il le

---

1. Dominique Perben, Michel Giraud et Michel Barnier, tous trois ministres RPR d'Edouard Balladur, de 1993 à 1995, ont ensuite fait allégeance à Chirac dès son élection à la présidentielle. Barnier a pu ainsi revenir dans le 1er et le 2e gouvernement Juppé. Perben est rentré lors du Juppé 2 et Michel Giraud a pu conserver la présidence de la région Ile-de-France… jusqu'aux prochaines régionales.

plus sérieusement du monde, pour mener la campagne des législatives ».

Seul, Jean-Louis Debré reste alors sceptique sur les chances de réintégration de Nicolas. Ce n'est pas tant au gouvernement qu'il ne l'imagine pas. C'est face au président. « Chirac a trop dit qu'il ne lui pardonnerait pas, pendant toute la campagne présidentielle. Devant nous, devant les journalistes. Il ne va pas dire le contraire maintenant. »

10

Le blues du premier ministre

Il a une mine épouvantable. Des cernes sous les yeux qui trahissent l'insomnie, la mâchoire crispée qui révèle la tension. Il a maigri aussi. Dans les réunions de travail, il est plus cassant encore qu'à l'habitude. En privé, rarement ses amis l'ont vu aussi abattu.

Matignon est connu, dans le milieu politique, pour vous lessiver un homme. Le poste est épouvantable, la charge de travail énorme, les sollicitations incessantes. Dans l'emploi de premier ministre, Pierre Mauroy a cru devenir fou et Laurent Fabius a pris dix kilos. Michel Rocard y brisa son couple et les trois quarts des chefs de gouvernement ont mis plus de six mois à récupérer leurs forces après une telle épreuve.

Pourtant, en cet automne 1996, Alain Juppé est au-delà du surmenage. Depuis plusieurs mois, ce n'est pas tant l'inépuisable pile de dossiers à régler qui l'assomme. Il a toujours travaillé vite, beaucoup, au-delà du raisonnable. Mais il supporte mal les attaques incessantes de la presse, le persiflage de sa majorité et la répétition des sondages exécrables. En réalité, il sent la déprime le gagner.

L'effet dévastateur d'une affaire d'appartement

Elle s'est vite immiscée en lui. Dès son premier mois à la tête du gouvernement. En juin 1995, le scandale suscité par la découverte de deux appartements, appartenant à la Ville de Paris et rénovés par elle, loués à des loyers plus modérés que le prix du marché au couple Juppé et à l'un de ses fils, a brisé net son état de grâce.

Convaincu d'être honnête, Alain Juppé s'est exaspéré de devoir se justifier. Il a nié, refusé de voir le danger et, pour finir, a dû faire ses cartons et déménager. « Cette affaire a été comme une blessure personnelle, raconte aujourd'hui François Baroin. Il a perdu son sang-froid. » Convaincu que cette affaire d'appartements a été rendue publique dans le seul but de le briser, il s'en prend à tout le monde. A ses ministres, à ses collaborateurs et surtout à la presse.

On lui a bien conseillé de ne plus regarder la télévision, d'abandonner les radios, de délaisser les journaux. Mais le bruit de fond des critiques lui parvient tout de même. Et rien de ce qui a suivi n'a pu compenser le désastreux effet provoqué par ces satanés appartements. Pire, ils ont, à ses yeux, auguré tous les revers qui sont venus ensuite. Les mouvements de décembre ont été d'une ampleur sans précédent, la reprise économique ne vient pas, les chiffres du chômage sont toujours plus mauvais : sa politique ne marche pas et, par-dessus le marché, on le croit malhonnête. Alain Juppé peut bien entrer dans sa deuxième année à Matignon, les Français ne l'aiment toujours pas.

Qui aime encore Juppé ?

Frédéric de Saint-Sernin, l'homme en charge des études au RPR et à l'Elysée, voit avec angoisse tous ses sondages confirmer ce désamour. « Le départ de Madelin avait rejailli très négativement sur Juppé, se souvient Saint-Sernin. Cela avait renforcé son image d'homme autoritaire et isolé. La grève de décembre 1995 n'a rien arrangé. Aux yeux des Français, Juppé est devenu le contraire d'un chef d'équipe. » La dégringolade est massive, générale, sans appel, y compris à droite. « Dans notre électorat traditionnel, poursuit Saint-Sernin, les retraités ont reculé sur la question des retraites, les médecins sympathisants UDF se sont détournés, l'électorat balladurien du premier tour de la présidentielle s'est mis aux abonnés absents. Il ne restait que les militants RPR. » Cela ne fait pas un massif soutien populaire.

Et d'ailleurs là aussi, les choses ne vont plus si bien. Après un formidable appel d'air créé par la présidentielle, l'enthousiasme est retombé comme un soufflé. Un an après la victoire de Chirac, plus de 10 % des militants ont quitté le RPR. Que dire des Bordelais, enfin, que Juppé était censé conquérir ? La ville était venue le chercher, mais déjà elle ne pense plus qu'à critiquer cet homme qui la délaisse, faute de temps. Doté de tant de pouvoirs, jamais un homme n'en a subi autant les inconvénients.

L'impopularité est un phénomène terrible. Elle casse une réputation, brise la confiance, suscite la moquerie. On jugeait Alain Juppé brillant et volontaire. Le voilà devenu hautain, cassant, coupé des réalités. Même ses amis lui découvrent désormais une multitude de défauts. « Dans cette période-là, dit aujourd'hui Jérôme Bignon[1], il aurait tendu la main qu'on la lui aurait mordue. » Il n'a pas tort. Tout les responsables politiques ont connu ces avanies. Mais les médias de masse et surtout l'incroyable fréquence des sondages qui, chaque jour, soulignent et entretiennent le mécontentement du peuple, amplifient au-delà du supportable la désaffection des Français à l'égard de leur premier ministre.

« Un pur-sang, une bête à concours »

La vérité, pourtant, est que Juppé lui-même ne se reconnaît plus. Pour la première fois, son intelligence l'a conduit à l'erreur et il ne sait plus comment aborder la réalité. Depuis son enfance, cet homme accorde une confiance immodérée aux forces de la raison. L'irrationnel, la sentimentalité n'ont pas de place dans son esprit. Il ne conçoit pas que l'on puisse refuser les évidences, agir en dépit du bon sens ou placer les relations humaines au-dessus de la règle de trois. Il terrorise ses ministres en réunions de travail, néglige les petites manifestations d'amitié, s'impatiente dès qu'un interlocuteur n'en vient pas au fait en trente secondes. Per-

1. Bignon, député RPR de la Somme, fidèle de Chirac et de Juppé, a été battu lors des législatives anticipées de mai-juin 1997.

sonne ne trouve à redire à ce genre de maladresses lorsqu'elles sont couronnées de succès. Mais les résultats politiques sont désastreux. S'il faut en plus subir la brutalité de celui qui en est le responsable...

Jean-François Probst, que Chirac dépêche auprès du premier ministre dès le printemps 1996, avec pour mission de renouer le fil avec les faiseurs d'opinion, définit ainsi la personnalité d'Alain Juppé : « C'est un homme très simple, très travailleur, très ambitieux, dont les parents ont fait un fantastique fort en thème, une bête à concours, un pur-sang. Les gens ont l'impression qu'il est arrogant. En fait, il est seulement trop rapide. » Son ami Jean-Jacques de Peretti ne dit pas autre chose. « Au téléphone, je mange mes mots afin de pouvoir terminer ma phrase avant qu'il ne l'ait comprise et dite avant moi. » Mais la société a-t-elle besoin d'une si belle machine intellectuelle alors qu'elle ne comprend pas son mode de fonctionnement ?

Un problème de personnalité

Comme toujours, lorsqu'il sent une difficulté, la première réaction d'Alain Juppé est... de passer en force. Les grèves de décembre ne lui ont pas suffi. Le premier ministre assène ses réformes, oublie de ménager ses députés, brutalise l'opinion. Quant à ses ministres, ils sont tout bonnement exaspérés de voir ce chef du gouvernement qui régente tout, s'occupe de tout, de la politique économique de la France comme de l'arrêt de la construction d'une ligne à haute tension. Pire, plusieurs d'entre eux ont l'impression que le premier ministre les confond avec leurs propres directeurs de cabinet ! Alain Juppé a oublié de quoi les hommes sont faits. « Pendant toute cette période, analyse aujourd'hui son fidèle allié Jean-François Copé [1], il a très peu investi dans les rapports humains parce qu'il n'avait tout simplement pas la disponibilité mentale pour cela. » La « disponibilité mentale » ? Peut-être n'a-t-il tout simplement jamais appris.

Le député RPR Pierre Mazeaud, qui le rabroue mais le soutient dans la tourmente, explique : « On a vu, dans les difficultés, que Juppé avait peut-être un problème de personnalité. Jusque-là, il avait toujours été premier partout. Premier à l'école, premier à l'Ena, à Normale Sup, chef de cabinet de Chirac sans batailler, élu sans difficulté. Il croyait détenir la vérité. Mais cela vous mène à vous sentir au-dessus des autres. » « Au-dessus des autres », c'est bien l'impression qu'ont les Français. Mais cette impression tient parfois à des pudeurs un peu ridicules. Le même Mazeaud, qui a emmené « Alain », quelques mois auparavant, faire du ski en Savoie avec quelques amis, en sait quelque chose. « Au bout de deux heures, tout le monde se tutoyait. Tout le monde LE tutoyait. Lui, il a terminé les vacances en vouvoyant chacun. » On n'aime pas forcément cette distance-là.

Juppé ne sacrifie à aucune mondanité. « Je n'ai pas ce genre d'hypocrisie », rétorque-t-il lorsqu'on l'invite à faire un peu plus de « relations publiques ». Il peut être blessant devant un auditoire et les compliments paraissent lui écorcher la bouche. A dire vrai, sur ce plan, il a toujours été l'anti-Chirac.

---

1. Copé (RPR), député-maire de Meaux, en Seine-et-Marne, sera battu aux législatives de 1997.

Dès qu'un ministre est l'invité d'une émission télévisée, le président lui envoie un mot pour lui dire tout le bien qu'il a pensé de sa prestation. Laissant croire à chacun qu'il l'a vue. Alain Juppé, lui, décroche à peine son téléphone pour remercier le ministre qui aura dit du bien de sa politique. « Ce n'est pas un homme de câlins », affirme avec humour Jean-Pierre Raffarin.

Un emploi du temps démentiel

Mais la terrible impopularité du premier ministre n'est pas seulement liée à des défauts de caractère. Elle tient aussi à sa conception du pouvoir.

Alain Juppé ne partage pas. Il veut toutes les responsabilités. Il a toutes les ambitions. « A douze ans, mystique, je voulais être pape. A quinze ans, je savais que je voulais être là où je suis », a-t-il coutume de dire. Bordeaux, le RPR, Matignon, peut-on seulement faire mieux dans l'accumulation des charges et des devoirs ? L'emploi du temps est démentiel. Chaque vendredi, le premier ministre se transforme en maire en atterrissant à l'aéroport de Bordeaux-Mérignac. Là, en moins de quarante-huit heures, il met les bouchées doubles pour tenter de faire croire aux Bordelais qu'il s'occupe un peu de leur ville. Toutes les demi-heures, toutefois, il reçoit un appel de son directeur de cabinet à Paris, Maurice Gourdault-Montagne, l'informant des avatars de ses dossiers de premier ministre. Puis un appel de Patrick Stefanini, son conseiller pour les affaires du RPR.

A ce rythme-là, il ne supporte aucune désorganisation, aucune attente, aucune tergiversation. Par nature, Juppé est un rapide. Par nécessité, il tranche toujours plus vite dans les difficultés.

Politiquement, l'effet est désastreux. Chaque projet de loi est présenté comme « non négociable ». C'est à prendre ou à laisser. Quant aux réalités économiques, elles se révèlent sous leur jour le plus rude. Dans sa bouche, la dérive des emplois publics se transforme en « mauvaise graisse » des fonctionnaires et Thomson vaut tout juste… un franc.

Il abat le travail de dix, il rame pour vingt. Mais il ne convainc pas. Les Français le trouvent sec, technocrate, incapable de leur donner une vision exaltante de l'avenir. « Quand on a les pieds dans la glaise, justifie Maurice Gourdault-Montagne, on ne peut pas avoir de panache. »

« On en verra bien d'autres »

Depuis maintenant plus d'un an qu'Alain Juppé est contesté, Jacques Chirac pourrait douter. Il pourrait imaginer changer de premier ministre. Il pourrait montrer quelque mécontentement. Et pourtant, il lui maintient sa confiance. Raymond Barre, à qui Juppé est allé confier son amertume devant cette avalanche de coups durs, n'a eu que ce conseil : « Soyez indifférent aux criailleries. » Le président, lui, dit simplement à son premier ministre lorsqu'il lui trouve une mine trop défaite : « Allons, on en verra bien d'autres. »

Mais il ne se contente pas d'énoncer quelques mots de réconfort. Chirac cajole, rassure, mais surtout, il défend contre les attaques. Au plus fort de la déprime de son partenaire, il a craint un temps que Juppé ne cède à « la tentation de Venise », cette envie de tout plaquer pour vivre en esthète dans la cité des Doges, comme il l'a décrite dans un livre confession quelques années auparavant[1]. Le président a imaginé son premier ministre démissionnant en pleine difficulté, le laissant seul à prendre tout les coups. Il a eu peur.

Il a eu tort. « Juppé n'a jamais vraiment songé à démissionner », assure Dominique de Villepin. Mais c'est pour donner aussitôt une image qui laisse supposer la violence de la mitraille : « Il s'est seulement considéré comme un "poilu" de la Grande Guerre, dont la mission est de prendre la cote 320 dans n'importe quelle condition. Sans flancher. Sans déserter. »

Là, le général reste en contact avec son soldat martyr. Le président le protège donc autant qu'il le soutient. Lui rapporte-t-on les sondages de popularité exécrables de Matignon ? « Les sondages, je m'assois dessus », rétorque-t-il. Vient-on le voir, le dimanche, pour se plaindre du chef du gouvernement et suggérer une démission ? Chirac écoute les doléances, enregistre les critiques. Mais pour finir, il les écarte d'un revers de la main. Les patrons amis comme François Pinault, Lucien Rebuffel, Jérôme Monod, les députés restés de vieux copains comme Pierre Mazeaud, les fidèles devenus ministres comme Jacques Toubon ou Jean-Louis Debré doivent bien se rendre à l'évidence : il n'y a pas le plus petit millimètre de jeu entre Chirac et son chef de gouvernement.

---

1. *La tentation de Venise,* Grasset.

L'ensemble du Conseil des ministres n'a pas été long à le comprendre. Le président demande parfois à certains : « Alors, avec Matignon, ça se passe bien ? » Mais le ton n'appelle que les réponses positives. « Dire non, assure Jean-Pierre Raffarin, aurait été avouer que l'on n'était soi-même pas fait pour le job. » Cela n'empêche pas les critiques. Mais cela évite qu'à l'extérieur, on puisse accréditer l'idée que Chirac cherche un remplaçant à Juppé.

« Que voulez-vous, il l'aime d'amour », disent certains de ses proches. « Ce n'est pas pour cela qu'il le garde », conteste pour sa part Nicolas Sarkozy qui se targue de bien connaître Jacques Chirac. « Chirac garde Juppé non par affection, mais parce qu'il ne veut pas nommer son successeur. Cela revient au même pour finir, mais ce n'est pas le même mobile. »

Claude Chirac évoque le départ de Juppé

Au cœur même du pouvoir chiraquien, la désastreuse cote d'opinion du premier ministre fait pourtant des ravages. Car le superbe tandem imaginé au départ a ses limites : l'opinion ne peut indéfiniment contester un homme sans très vite demander des comptes à celui qui l'a choisi.

La plongée d'Alain Juppé n'est donc pas solitaire. C'est tout le pouvoir qui plonge avec lui. Et d'abord le président. Chirac, lui aussi est au plus bas. L'automne 1995 a été une déception, l'hiver 1996 sera une catastrophe. Dans cette déroute généralisée, le seul moment d'embellie, il ne l'a dû qu'à… son prédécesseur. Le bel éloge funèbre prononcé au soir de la mort de François Mitterrand, le 8 janvier 1996, a été apprécié des Français. Reste qu'au mois de mai, lorsqu'il s'est agi de faire le bilan d'un an de pouvoir, les sondages ont été sans appel.

Jacques Pilhan a averti Chirac en octobre 96 : « Depuis deux ou trois mois, votre cote de popularité dans l'opinion n'est plus découplée de celle du premier ministre. » Bref, il a fait remarquer à Chirac que Juppé le tire vers le bas.

Ses proches ont donc fini par s'inquiéter. Son épouse, d'abord. Bernadette Chirac, qui suit la politique avec attention et est elle-même élue locale en Corrèze, a laissé deux ou trois fois échapper un constat qui paraît condamner le premier ministre chéri de son mari : « Matignon a échoué », a-t-elle dit devant des élus qui l'ont aussitôt rapporté. Bernadette est écoutée. Elle n'est pas toujours suivie. Son jugement n'a pas inquiété Juppé.

Celui de Claude Chirac, en revanche, peut lui faire le plus grand tort. Claude avait juré, pendant toute la campagne présidentielle, qu'une fois son père élu, elle s'en irait voler de ses propres ailes aux Etats-Unis. Au bout de trois jours, son rêve américain a été oublié. Depuis, elle tente de construire l'image présidentielle de son père.

Aux patrons des instituts de sondage, qu'elle consulte régulièrement, elle assure donc de plus en plus souvent sa conviction : si le premier ministre était écarté, la cote de popularité de son père remonterait immédiatement.

Défend-elle cette solution devant le président ? « Claude n'a pas son mot à dire dans le choix du premier ministre », affirme Dominique de Villepin comme une vérité sans appel. « Et si elle l'a fait, elle savait qu'elle ne serait pas entendue», ajoute un ami de la famille. Il n'empêche. Il est de plus en plus clair qu'au sein même de l'Elysée, deux camps s'affrontent.

Guerre des clans à l'Elysée

Ces deux camps s'opposent sur deux conceptions différentes de la présidence et de son lien avec le chef du gouvernement. D'un côté, on trouve Dominique de Villepin, le secrétaire général de l'Elysée, véritable patron de l'équipe des conseillers. Un homme à la fois jaloux de son pouvoir et soucieux de préserver le tandem Chirac-Juppé, si exceptionnel sous la Ve République.

Villepin est un ami de Juppé et un admirateur de Chirac. Elégant en diable, cultivant volontiers l'image d'un diplomate amoureux de poésie et d'arts anciens, il a hérité du surnom de «Bostonien» par ceux qui le jugent trop dandy pour être au courant des réalités françaises. Les chiraquiens de toujours, Maurice Ulrich, mais aussi les jeunes, François Baroin et Jean-Pierre Denis, ne nient pas son talent. Mais ils lui mégotent sa fidélité. Après tout, Villepin n'est arrivé dans les cercles visibles du pouvoir qu'en 1994 et n'est entré officiellement dans la campagne électorale qu'en janvier 1995.

Face à lui, Villepin trouve cependant un duo inébranlable, inédit sous la Ve République. Celui que forment Claude Chirac et Jacques Pilhan. Depuis qu'il a obtenu de conseiller Chirac après avoir conseillé Mitterrand, Pilhan est devenu une des puissances du clan élyséen. Chacun sait qu'il tient notamment son pouvoir de l'admiration éperdue que lui voue la fille du président. Pilhan fascine Claude qui soutient Pilhan. Voilà l'équation formée par le duo de communicateurs de l'Elysée. « J'ai choisi de faire de Claude mon instrument à l'intérieur de la maison », dit souvent Pilhan. « Jacques a du recul sur les choses », assure parfois Claude. Ces deux-là s'entendent à merveille. S'il paraît mener la manœuvre, c'est par elle qu'il tient l'équilibre. « Pilhan s'est imposé peu à peu, alors qu'il n'avait aucun soutien à l'intérieur de l'équipe sauf un, le plus important, celui de Claude, explique alors Frédéric de Saint-Sernin. Qu'elle le lui retire et il n'est plus rien. » « Chirac n'a pas d'états d'âme, complètent les adversaires de Pilhan à l'Elysée. Il se sert de Pilhan parce qu'il y trouve son compte et le renverra lorsqu'il n'en retirera plus rien. » Elle est « son œil » au cœur de la présidence. Il l'appelle « ma Claude », la dirige subtilement, et se sert du lien exceptionnel et familial qu'elle entretient avec son père pour mieux conseiller ce dernier.

Ce petit homme de 53 ans est l'un des rares à appeler le chef de l'Etat par son prénom sans avoir été ni un ami, ni un fidèle. « Il n'a jamais osé avec Mitterrand », assure Anne Lauvergeon qui l'a vu travailler auprès du président socialiste et ne l'aime pas. Mais au-delà des familiarités affichées, Pilhan prend de plus en plus d'assurance. Villepin l'a sous-estimé au départ. « Dans six mois, il sera parti », jurait-il à l'été 1995. Puis, il a dû faire avec. Toutefois, semaine après semaine, leurs deux conceptions de la présidence n'ont cessé de s'affronter.

« Le premier ministre est un fusible ! »

Un jour de janvier 1996, lors d'une réunion, Frédéric de Saint-Sernin a pris la mesure de cet antagonisme. Spécialiste des sondages, il partage la conviction de Dominique de Villepin que la force de la présidence Chirac réside dans le duo qu'il forme avec Alain Juppé. Ce jour-là, il a donc osé une provocation. Devant Claude, devant Pilhan, devant le petit clan des chiraquiens, il évoque les très mauvaises cotes de popularité du premier ministre et du président, en prenant à contre-pied l'analyse générale. « Nous parlons sans cesse de l'impopularité de Juppé qui rejaillirait sur Chirac. Mais peut-être faut-il se demander si ce n'est pas le président qui tire le premier ministre vers le bas. » Silence général. Puis, très vite, c'est le déchaînement. Contre ce « juppéiste ». Contre ce traître à la cause présidentielle. « Le premier ministre est un fusible. Le mécontentement des gens s'adresse d'abord à lui », assènent, avec Claude Chirac, les partisans du président. « Les Français ont voté pour un ticket : le volontarisme de Chirac et le sérieux de Juppé », rétorquent les juppéistes.

A l'automne 1996, l'éviction d'Alain Juppé n'est toujours pas directement évoquée en réunion. Mais il est clair que, désormais, chaque clan veillera sur l'autre. Chirac, à qui on a sans doute rapporté l'affaire, prend bien soin de ne donner de gage à personne. Mieux, il a trouvé efficace de déléguer Jacques Pilhan dès le début de 1996 auprès de son premier ministre. « Voyez-le. Il réfléchit lui, au moins », a-t-il asséné à un Juppé accablé.

Depuis, Pilhan s'emploie à faire passer le message auprès du grand public : « Vous connaissez Juppé, mais vous ne connaissez pas Alain. » Concrètement, cela consiste à beaucoup faire poser « Alain » aux côtés d'Isabelle, sa femme, portant leur bébé Clara dans les bras... Cela consiste aussi à jouer assez subtilement sur les défauts de Juppé : on le trouve rugueux ? C'est qu'il est courageux. Voilà le message.

Mais c'est Chirac qui donne les garanties politiques. Il l'a promis à Juppé : si tout va bien, c'est évidemment lui qui mènera le combat des législatives. Pour l'heure, il n'a pas de remplaçant. En février 96, Juppé est allé voir Helmut Kohl en Allemagne et le chancelier lui a lancé : « Ne vous inquiétez pas Alain, vous avez de si nombreux concurrents. » Chirac, à qui on rapportait ces dires, n'a eu qu'un grand éclat de rire : « Puisque Helmut lui-même vous le dit : croyez-le. »

Depuis, tout de même, le président n'a plus qu'une idée en tête : contourner l'impopularité de son premier ministre, le lancer dans la bataille électorale, le relégitimer. Afin de pouvoir à nouveau l'imposer.

11

Et Chirac commit la faute

Le président a le nez dans les sondages. Il a beau dire qu'il les méprise, jurer avec orgueil qu'il a gagné contre eux, il n'en finit pas de compulser des notes de synthèse sur l'état de l'opinion. On lui en fournit de toute sorte. Des baromètres de popularité, des pronostics d'intentions de vote, des questionnaires ouverts, des questionnaires fermés, des « quali [1] » et des enquêtes approfondies. Mais depuis décembre, Dominique de Villepin a réclamé qu'on ajoute des sondages supplémentaires mesurant les résultats électoraux en cas de scrutin anticipé.

Depuis Noël 96, en effet, le duo formé par le secrétaire général de l'Elysée et le directeur de cabinet de Matignon, Maurice Gourdault-Montagne, s'est chargé de réfléchir aux moyens de relancer la dynamique du pouvoir. Avec l'assentiment du président.

---

1. Les sondages qualitatifs, que les sondeurs appellent entre eux « quali », visent à analyser l'image d'un homme ou d'un produit à partir de la discussion dirigée d'un groupe de personnes.

L'idée n'est pas nouvelle. Depuis sa victoire en 1995, périodiquement, on lui conseille de provoquer de nouvelles élections législatives. Chirac, chaque fois, a rejeté l'hypothèse, assurant publiquement : « C'est une arme constitutionnelle dont le président de la République ne peut pas user pour convenances personnelles, mais seulement pour résoudre des crises graves. » Lorsque, le 1er août 1996, Edouard Balladur qu'il avait convié à déjeuner a renouvelé le conseil : « Vous devriez dissoudre, Jacques, afin d'avoir cinq années de tranquillité pour travailler », Chirac s'est contenté de répondre évasivement : « Ah, vous croyez ? » Depuis, lorsqu'on évoque à nouveau cette solution, il réclame seulement : « Quels sont vos arguments ? »

Chaque semaine pourtant, Villepin et Gourdault-Montagne reviennent à la charge. Se fondant peu à peu sur la connaissance de l'opinion que sont supposés avoir les sondeurs.

En vérité, les deux hommes n'ont qu'une appréhension distante de la société. Ecrasés par la charge de travail qui pèse sur eux, n'ayant aucun mandat électoral qui les enracine en province, ayant vécu une partie de leur vie à l'étranger, ils ont depuis toujours une vision à la fois mythique et agacée de la France. A les entendre, la France est grande, belle et éternelle. Mais les Français sont frileux, râleurs et parfois inconséquents. A leurs yeux, la politique est un jeu brutal et excitant. L'adversaire ne doit jamais avoir de latitude pour réagir. Il suffit d'imposer ses choix par surprise pour mieux remporter la mise.

Or, le calendrier qui s'annonce ne pourra que heurter cette société si rétive à toute vraie réforme. Les législatives, prévues normalement en mars 1998, vont en effet télescoper les échéances européennes. C'est en mars 1998 que la Commission européenne doit publier la liste des pays qualifiés pour créer la monnaie unique. Et déjà, Bercy a fait passer une note inquiétante : alors que le traité de Maastricht impose que les déficits soient inférieurs à 3 % du PIB en 1997 pour que la France puisse entrer dans l'euro, la Direction du trésor craint un dérapage de l'ordre de 3,8 %. Il faudra donc, probablement, décider un nouveau tour de vis budgétaire à l'automne. Déjà, on craint des mouvements de protestation dans la fonction publique, et Alain Juppé a prévenu : son gouvernement ne survivra probablement pas à une deuxième série de grèves semblables à celles de décembre 95.

Sans compter qu'un autre nuage se profile à l'horizon. Les affaires judiciaires menacent. Jacques Toubon a indiqué très clairement l'état des lieux : les juges qui enquêtent sur les marchés de la Ville de Paris et sur ceux de la Région Île-de-France ne s'arrêteront pas en si bon chemin. Jean Tiberi et Michel Giraud risquent d'être inquiétés. A plus court terme, le gouvernement a toutes les chances d'être également attaqué sur son centre. Car l'instruction sur le financement du CDS se poursuit. Et la mise en examen de deux des principaux ministres du gouvernement Juppé, Jacques Barrot et Jean Arthuis, en tant qu'anciens responsables du parti centriste, ne saurait tarder. Autant dire qu'il serait hasardeux de se lancer à la bataille avec ce paquet d'inculpés. Le Parti socialiste n'a-t-il pas perdu les législatives de 1993, discrédité par les dossiers Urba et Pechiney ?

Pilhan préférerait un remaniement

Villepin et Gourdault-Montagne ne sont pas les seuls à connaître ces données. Chirac et Juppé eux-mêmes sont conscients du danger qu'ils courent à aller aux législatives en mars 1998 avec une Europe contestée et un chômage qui ne baisse pas. Et si Alain Juppé a d'abord pensé qu'un remaniement pourrait suffire à redonner un élan politique, maintenant il envisage sérieusement l'hypothèse de la dissolution.

Jacques Pilhan, pour sa part, a plaidé pour une alternative. Plusieurs fois, dans le bureau du président, en compagnie de Claude Chirac, il a souligné combien il était risqué d'aller à la bataille avec un tel premier ministre. Appuyé par la fille du président, la thèse qu'il propose est donc de changer d'abord de chef de gouvernement, puis de partir aux élections législatives avec un nouveau chef de campagne qui aspirera ainsi à devenir chef de la majorité. Il s'est abstenu, bien entendu, d'évoquer cette hypothèse devant le premier intéressé : Alain Juppé lui-même. Mais Juppé et Villepin ont flairé le danger.

Jouant la volonté profonde de Chirac de garder son homme de confiance à la tête du gouvernement, ils ont appelé les Français à la rescousse. Le peuple, ont-ils assuré, ne s'y retrouvera pas dans un tel bouleversement des données. Pilhan, au bout de quelques rendez-vous, a vite compris où était l'inclination du président. Depuis, il s'est rangé à son avis. Et chaque jour, Chirac, d'abord réticent à bouleverser les échéances, se sent un peu plus convaincu.

Gardant pourtant, au fond de lui, une méfiance à

l'égard des sondages, il téléphone à tour de bras, depuis janvier, à ses « réseaux ». Vieux copains gaullistes, élus locaux, députés de la majorité, commerçants et Corréziens, tous sont mis à contribution. Chirac a toujours considéré qu'ils étaient la France. Il les tient pour tout aussi représentatifs que les échantillons et les panels des enquêtes d'opinion.

Et en ce début d'année, chaque fois qu'il téléphone, son échantillon lui fait la même réponse : « Il y a un mieux. » On sent « un frémissement ». La province lui renvoie une image moins pessimiste. Les experts parisiens eux-mêmes assurent que, décidément, la confiance revient. Frédéric de Saint-Sernin, de son côté, qui teste avec ardeur les cotes de popularité du président et de son premier ministre, a noté une remontée. Le président du Sénat René Monory, qui se targue de sentir « le terrain » et de manier tout aussi bien les hommes, assure déjà que le pouvoir ne pourra sortir d'une dissolution que « régénéré ». Claude Chirac et Jacques Pilhan reconnaissent que Chirac n'est jamais meilleur que lorsqu'il est porté par la dynamique d'une campagne. Et Dominique de Villepin a résumé le tout sous une expression qu'il ressert chaque fois au président : bientôt devrait s'ouvrir une « fenêtre de tir », un espace pour agir.

Le jour où tout est arrivé

Y a-t-il eu un jour-clé dans le déclenchement de cette apocalypse ? Il y a eu d'abord une lente maturation. Mais on note une accélération, une tension dans le petit groupe des stratèges de la dissolution, un matin de mars 1997. Le 26. Ce jour-là, Frédéric de Saint-Sernin débarque dans le bureau de son cousin Villepin. Le spécialiste des sondages est tenté par la dissolution. Mais il est prudent. A ses yeux, la légère remontée des cotes de popularité du tandem Chirac-Juppé est très fragile et personne ne peut prévoir la réaction de l'opinion au choc de la dissolution. Mais Villepin est si sûr de son fait qu'il commande immédiatement un nouveau sondage à l'institut CSA. Le résultat est plutôt négatif : les Français interrogés ne comprennent pas le sens d'une telle décision.

Encore une fois, pourtant, ces réserves sont balayées. Comme l'ont été toutes les critiques et les mises en garde depuis plusieurs mois. Déjà, au mois de février, la note d'un ami d'Alain Juppé, Daniel Bouton, a précisément décrit tous les dangers qui guettent le pouvoir [1]. Ancien directeur de cabinet d'Alain Juppé au ministère du Budget de 1986 à 1988, devenu depuis numéro 2 de la Société Générale, Daniel Bouton décrit alors au premier ministre un tableau sans fioritures : « Malgré l'amélioration récente, le premier ministre reste anormalement impopulaire. Ce n'est sûrement pas un problème de communication, c'est un problème de positionnement stratégique. 1) La campagne présidentielle a été gagnée sur une illusion. L'absence de dissolution ne l'a pas levée. 2) L'illusion a été maintenue jusqu'à l'automne 1995 : la longueur du discours a obéré la plausibilité du virage opéré : trop tard pour être vraiment crédible. 3) Nul ne peut se sentir mobilisé autour du discours maastrichtien : un ratio de dette ou de déficit ne peut

1. Cette note est rapportée par *Libération*, le 10 juillet 1997.

faire rêver. 4) Sérieusement entamée par les grèves de l'automne 1995, la crédibilité du gouvernement a été décimée par les reculades successives. [...] 6) Sur la pente actuelle, une victoire du PS en 1998, accompagnée d'un très fort score du FN, est possible. [...] En un mot, la fracture sociale passe entre le peuple et les élites et non entre les exclus et le reste du peuple. » Personne au sein du pouvoir n'a voulu tenir compte de ces alarmes.

En ce 26 mars 1997, Jean-Louis Debré a fait passer à l'Elysée de nouvelles enquêtes d'opinion. La dernière grande salve de sondages est prometteuse. Les analyses des Renseignements généraux, circonscription par circonscription, le sont tout autant. Dans l'hypothèse d'une élection législative anticipée, les RG « garantissent » près d'une centaine de sièges d'avance pour la droite. Une promenade de santé.

Ces enquêtes-là paraissent conforter toutes les autres : jamais la majorité ne sera si bien placée pour l'emporter. Deux notes du Bureau des élections et des études politiques du ministère de l'Intérieur émettent bien un bémol. Il y a peut-être un risque, disent-elles, que la gauche ne fasse finalement son miel d'une élection surprise. Et puis, il y a un danger que le Front national ne provoque la perte d'une cinquantaine de sièges pour la majorité en provoquant des triangulaires. Mais que valent ces avertissements dans une telle abondance de certitudes ?

Une mauvaise interprétation des enquêtes

« Les sondages montraient que la majorité bénéficierait d'une formidable prime au sortant, assure aujourd'hui Maurice Gourdault-Montagne. Or les socialistes avaient investi une majorité de nouveaux candidats, un grand nombre de femmes avaient été parachutées. Cela aurait dû les pénaliser. » Certes. Mais en y regardant de plus près, l'entourage du couple Chirac-Juppé aurait aussi pu voir combien cette « prime au sortant » était fragile. Car d'autres enquêtes montraient également que la moitié des électeurs ne connaissent pas leur député. Comment y aurait-il, dans ces conditions, un quelconque avantage tangible pour les élus de la majorité repartant à la bataille ?

« Les sondages soulignaient le peu de crédit rencontré par le programme socialiste », explique encore Gourdault-Montagne. Mais les enquêtes montraient aussi, depuis des mois et des mois, l'extraordinaire impopularité d'Alain Juppé. Mieux, ils mettaient clairement en relief la volonté de voir se renouveler le personnel politique. A Matignon, on comprit cela en partie seulement. Donnant des consignes strictes au RPR, on retira l'investiture aux plus de 75 ans. Mais la mise à la retraite de quelques octogénaires est-elle un renouvellement suffisant ?

Enfin, lorsqu'ils regardent encore et encore ces enquêtes, Jacques Chirac, Alain Juppé et leurs conseillers ne mesurent pas le formidable effet dévastateur provoqué par les affaires de la Ville de Paris. « Au contraire les enquêtes qualitatives soulignent enfin la positivisation de l'image du premier ministre, déclarent-ils avec certitude. Il est considéré comme droit et courageux. » Ce n'est pas entièrement faux. Mais Jean Tiberi, lui, est considéré comme un rouage, un fusible dans un système d'abord initié par Chirac et Juppé du temps où ils étaient à l'Hôtel de Ville.

Pour finir, il ressort de ces semaines de réflexions et de débat au cœur même du pouvoir que le poids du Front national a été mal estimé. Depuis toujours, Chirac ne croit pas à la puissance de Le Pen parce qu'il le méprise. A ses yeux, les Français se situent d'abord par rapport à un clivage gauche-droite. Le FN n'est que l'expression sporadique d'un vote protestataire. A ses yeux, une dissolution ne peut que le pénaliser.

Les enquêtes des RG qu'on lui apporte le confortent d'ailleurs dans cette idée : le Front national, disent-elles, est très loin d'avoir réglé ses problèmes d'investitures. En le prenant par surprise, on pourra ainsi neutraliser l'extrême droite. Et ce dernier argument n'est pas le moindre.

« Jacques, tu feras une connerie »

En somme, si l'on reprend le cours de l'histoire, ce 26 mars 1997, Chirac a invité Alain Madelin à dîner. Et lui a fait part de sa résolution. A l'Elysée, d'ailleurs, même les plus réticents ont basculé. Maurice Ulrich, Jean-Pierre Denis, Christine Albanel ou François Baroin attendaient un signe du président. Les voilà qui ont rejoint les partisans de la dissolution. Qui résiste ? « Personne », assure aujourd'hui Christine Albanel. Ou plutôt personne au sein du cercle Elysée-Matignon. Car à l'extérieur, certains vieux amis du président ont commencé à s'inquiéter dès la fin de l'hiver.

Bernard Pons, d'abord. Le vieux fidèle, habitué des

aventures politiques de Chirac, a mis le président en garde. « Il y a un malaise diffus dans le pays, a-t-il fait valoir, tout le monde est mécontent. » Puis, comme le président ne paraissait pas convaincu, il a ajouté : « La manœuvre est risquée. Juppé n'est pas aimé, les Français ne comprendront pas qu'il mène la campagne. » Il n'aurait pas dû dire cela. Le président a aussitôt mis sa méfiance sur le compte de la rancœur que Pons nourrit depuis toujours à l'égard de ce Juppé qui partout l'a supplanté.

Pierre Mazeaud, ensuite. Le grognard du gaullisme est venu deux fois présenter ses arguments à l'Elysée. Les deux fois, il a été l'acteur d'un dialogue de sourds.

— Jacques, tu n'a pas voulu dissoudre après ton élection de 1995, alors que la dissolution était dans la lettre des institutions.

— Pierre, la situation a changé désormais.

— Mais tu m'as expliqué, alors, que la dissolution ne se justifiait qu'en cas de crise, que tu avais une large majorité. Tu as refait l'erreur de Giscard en 1974.

— Je sais bien, Pierre…

— Alors si tu sais, crois-moi, tu feras une connerie. Comment veux-tu justifier la dissolution devant les Français ?

François Bayrou, qui a eu vent de l'affaire, a fait savoir lui aussi sa désapprobation. La dissolution est à ses yeux trop tardive, trop difficile à expliquer et trop risquée.

Philippe Séguin, enfin, restait le plus coriace à convaincre. Mais Chirac a vite compris le président de l'Assemblée nationale ne s'opposerait pas, cette fois, à la dissolution. Certes, Philippe n'a eu qu'une moue dubitative lorsque le chef de l'Etat a égrené les chiffres des derniers sondages. Certes encore, il a fait remarquer que « ceux qui veulent la dissolution, ce sont les électeurs de gauche et les déçus de la droite. Donc, ce ne sont pas nos amis ». Mais il s'est bien gardé du moindre accès de colère.

« Philippe ne s'est pas opposé franchement à la dissolution parce qu'au fond, assure aujourd'hui un de ses amis, il ne pouvait que tirer parti d'un changement des lignes de front. » Séguin sait bien que le président a d'abord pour intention de conserver Alain Juppé à Matignon. Mais il sait aussi qu'on ne peut jamais prévoir avec exactitude ce qui sortira des urnes. Et qu'une redistribution des cartes peut le servir.

Les errements de la gauche

En fait, ces Cassandres ont vu leurs dernières réticences s'effriter au lendemain du 18 mars. Ce jour-là, la présentation du programme économique du Parti socialiste par son chef, Lionel Jospin, a eu toutes les allures d'un ratage. Les 35 heures payées 39, les 700 000 emplois dont 350 000 dans la Fonction publique promis par le PS ont été accueillis avec scepticisme. Non seulement par la plupart des responsables économiques, mais par une partie de la gauche.

Michel Rocard, Jacques Delors et les plus mitterrandistes parmi les adversaires de Lionel Jospin n'observent plus le PS qu'avec un air atterré. Car ce ratage n'est que l'aboutissement de six mois désastreux pour les socialistes.

L'héritage de François Mitterrand apporte chaque jour son lot d'écoutes téléphoniques, d'affaires ou même de maîtresses délaissées décidant d'écrire des mémoires. L'opinion, après avoir offert un très beau score à Lionel Jospin lors de la présidentielle, paraît regarder ailleurs. Et même sur le front antiraciste, cher à la gauche, le PS a semblé incapable de se mobiliser. Lors de la discussion du projet de loi de Jean-Louis Debré contre l'immigration clandestine, les députés socialistes, Julien Dray et Claude Bartolone exceptés, ont quasi déserté l'Assemblée. Laissant les mouvements de cinéastes et d'intellectuels investir le sujet sans eux. Que la gauche soit défaillante sur le terrain du cœur comme sur celui de la raison paraît la condamner.

« On entubera Jospin, Séguin, Balladur et Madelin ! »

Ce 26 mars, le président croit donc avoir balayé toutes les objections. Et le petit groupe qui dirige la France ne veut croire qu'à la victoire. Dans le secret de leurs bureaux respectifs, à l'Elysée et à Matignon, Dominique de Villepin et Maurice Gourdault-Montagne se préparent depuis trois semaines à un blitzkrieg comme deux enfants avec leurs soldats de plomb. En ces premiers jours de printemps, ils ont réponse à tout. Dominique de Villepin fait déjà figure de général de campagne.

Convaincu que la victoire sur le papier deviendra à coup sûr réalité, Villepin tient un discours de guerre. Devant les visiteurs de l'Elysée, il n'en est même plus à tester l'hypothèse de la dissolution. Le président n'a pas encore pris publiquement sa décision, que le secrétaire général de l'Elysée est déjà passé à l'action.

Désormais, il distille savamment la rumeur auprès des journalistes. Afin d'opérer ce qu'il appelle une «préparation de l'opinion». Mais devant les initiés, il est plus direct encore. François Pinault, le patron ami du président, le découvre ainsi, en bras de chemise, assurant sur un ton exalté : «Le président va dissoudre et les quatre semaines de campagne prendront tout le monde de court. La majorité devra se ranger en rang serré derrière Juppé. Et on entubera d'un coup Jospin, Séguin, Balladur et Madelin.»

Si Pinault ou d'autres doutent de l'automatique reconduction d'Alain Juppé, personne n'imagine encore que la majorité puisse être fragilisée.

Cette certitude inébranlable affichée par Villepin a probablement poussé tout l'Elysée vers la faute. Car Villepin a du charme, de l'allant, et c'est un formidable tribun lorsqu'il s'agit de convaincre.

Chirac prévient Kohl

«C'est pour maintenant», ont décidé les stratèges de l'Elysée autour du président. Jacques Chirac peut donc commencer à mettre en place sa machine de guerre.

Jacques Toubon, à la Justice, lui a communiqué une dernière note de synthèse sur les affaires. Mieux vaut, effectivement, aller vers les élections. Autant réclamer une relégitimation politique avant que les mises en examen ne produisent leurs effets dévastateurs.

Jean-Louis Debré, lui, se charge de préparer matériellement les élections. Les listes électorales sont prêtes, le calendrier a été compulsé de façon à trouver les deux week-ends adéquats, le décret qui permet aux retraités en vacances de voter est signé.

Le voisin et ami européen, Helmut Kohl, est prévenu lui aussi. Alors que les Français sont toujours à mille lieues d'imaginer une quelconque dissolution, Jacques Chirac a informé Kohl de ses projets, le 9 avril 1997, lors d'une de leurs rencontres régulières. Kohl, pris lui aussi dans des contestations politiques internes, voit bien que les échéances européennes ne peuvent que fragiliser les pouvoirs en place en Europe. A Chirac, le chancelier a donc confié qu'il n'hésiterait pas une seconde à dissoudre si lui-même en avait le pouvoir. Mais Kohl connaît-il avec précision le désarroi de la société française ?

Désormais, tout le monde est reçu à l'Elysée et prévenu qu'une dissolution se prépare. Jacques Pilhan et Claude Chirac ont imaginé le plan de communication qui doit encadrer l'annonce de la nouvelle. En testant auprès de relais d'opinion (journalistes, députés, proches) l'idée de la dissolution, la rumeur que le président l'envisage se distillera peu à peu. Lorsqu'elle aura pénétré toutes les couches de l'opinion, alors le président interviendra, rassurant et solide pour annoncer effectivement sa décision.

Madelin en fait trop

Faut-il être sûr de son pouvoir pour croire ainsi tout maîtriser… Jacques Chirac et Alain Juppé, Dominique de Villepin et Maurice Gourdault-Montagne, Claude Chirac et Jacques Pilhan, ces six-là sont si certains de leur fait qu'ils n'ont pas pensé une seconde que l'opinion pourrait être déroutée par cette dissolution sans crise. Ils ont encore moins envisagé les réactions au sein même de la majorité. Or, en apprenant la nouvelle, bien des appétits se sont soudain réveillés. Et d'abord celui d'Alain Madelin.

L'ancien ministre de l'Economie, qui n'a toujours pas pardonné à Alain Juppé son éviction du gouvernement, est venu lui aussi à l'Elysée. Le président l'a interrogé sur la dissolution et Madelin a été enthousiasmé. Il l'est d'autant plus qu'il constate que l'Elysée l'écoute avec plus d'attention qu'à l'habitude.

Le très libéral conseiller du président, Jean-Pierre Denis, l'a consulté à plusieurs reprises. Et lors d'une réunion publique du club madeliniste ID-Actions, qui a-t-on vu débarquer suivie d'une horde de photographes ? Claude Chirac et son compagnon Thierry Rey, le père de Martin, le petit-fils du président. Que Chirac envoie à Madelin sa famille est très clairement un signe, pense-t-on désormais chez les libéraux. Mais un signe de quoi ? Le signe que Chirac s'apprête à changer d'équipe. La dissolution sera l'occasion de promouvoir comme chef de campagne celui qui sera le prochain premier ministre. C'est du moins ce que veut croire Alain Madelin.

Tout le problème est que désormais, Madelin en fait trop. On n'entend plus que ses admonestations : « Il faut aller plus loin dans la désétatisation », « la France est prête à aller plus loin dans la libération de l'économie », « il faut plus d'audace dans les réformes ». Il assène si bien son credo que la presse en a aussitôt conclu que la dissolution s'accompagnera d'un virage libéral.

Le poids d'un best-seller : « L'horreur économique »

Or, c'est mal connaître Chirac, au fond. Si le président est effectivement entouré de conseillers parmi lesquels se trouvent des libéraux, lui ne l'a jamais été. Le succès de sa campagne sur la fracture sociale l'a convaincu d'une chose : les Français sont terrifiés par ce dérèglement brutal que les libéraux annoncent au nom de la modernité. Toutes les semaines, maintenant, il se fait apporter dans son bureau les classements de ventes de livres établis par certains hebdomadaires. Et toutes les semaines, il constate l'engouement constant des lecteurs pour un petit essai écrit par une femme, Viviane Forrester. Son livre, *L'horreur économique*, Chirac l'a jugé assez médiocre dans les analyses. Mais le président a aussi senti la charge émotionnelle contenue dans ses pages. Il a vu la dénonciation d'une inhumanité : celle d'un système économique qui broie les hommes au motif qu'il est indispensable d'améliorer des profits qui ne servent qu'à faire perdurer le système.

Il s'est aussi fait remettre une note sur Viviane Forrester. Et a appris avec surprise qu'elle est loin d'être une dangereuse gauchiste. Forrester est une bourgeoise, parisienne, ayant dépassé les 70 ans. Mais son fils, au chômage, s'est suicidé.

Autour du président, à l'Elysée, bon nombre d'experts n'ont de cesse de contester « les inepties de Mme Forrester ». Mais Chirac, en pragmatique, sent bien que tant qu'un livre comme celui-là fera figure de best-seller, les libéraux sont encore loin du pouvoir.

Aussi pousse-t-il ses conseillers à démentir formellement un quelconque tournant libéral. Jean-Pierre Denis est rappelé à l'ordre et Villepin condamne « les fantasmes et les choix de carrière personnels de certains ».

Mais le mal est fait. Car Madelin, amer, lâche la vérité qui tue : « Si c'est une dissolution de convenance et qui ne sert à rien, alors, adieu la dissolution ! »

Maintenir à tout prix l'« épouvantail » Juppé

Car pourquoi autoriser Matignon et les juppéistes à rabrouer aussi brutalement Madelin, si ce n'est parce que l'Elysée a déjà choisi de confirmer Alain Juppé ?

Alors même que le président décrète la dissolution et lance la campagne, se dessine en effet la question du premier ministre qui assumera cette « deuxième étape » que Chirac annonce. Et le secret s'évente déjà.

Oui, le secret n'en est plus un. Car il apparaît de plus en plus clairement que le président veut aussi, et peut-être d'abord, provoquer cette dissolution pour avoir les mains libres, ensuite pour renommer comme premier ministre… Alain Juppé. Juppé son homme de confiance, son confort psychologique et politique. Pour maintenir un semblant de suspense, Chirac a bien laissé traîner quelques noms de remplaçants. Plusieurs ont été avancés : Philippe Séguin, Edouard Balladur, Jérôme Monod, patron de la Lyonnaise des eaux et ancien secrétaire général du RPR, Jacques Barrot et même Christian Blanc, l'ancien rocardien devenu le patron d'Air France.

Mais il est clair que Chirac n'a aucun scénario d'accompagnement pour crédibiliser l'un ou l'autre de ces premiers ministres potentiels.

« Chirac gardera Juppé jusqu'à la déraison », constate depuis sa mairie de Neuilly Nicolas Sarkozy. Jacques Pilhan a pourtant esquissé l'idée qu'il serait « mécaniquement impossible » de garder Juppé et de gagner les élections. Mais il n'est pas monté plus avant sur le champ de bataille. Trop conscient que, sur le remplacement du premier ministre, il ne serait pas écouté.

Or, dès les premiers jours de campagne, il apparaît de plus en plus clairement qu'Alain Juppé, en chef de la majorité, n'a pas réussi à faire oublier le premier ministre mal-aimé.

Philippe Séguin, qui observe avec désenchantement son rival, n'a eu qu'un diagnostic : « On ne conduit pas une campagne avec un épouvantail à sa tête. » Chaque jour qui passe, il voit avec dépit le président et son chef de gouvernement organiser seuls une élection qu'ils croient pouvoir gagner en quatre semaines. Tous les matins, c'est dans le pavillon de musique du premier ministre que se réunissent autour de Villepin, Claude Chirac, Jacques Pilhan et Maurice Gourdault-Montagne. Et ce sont eux qui décident seuls, avec Alain Juppé, des axes de la campagne qui va suivre.

« Pour toi, c'est risqué. Pour moi, c'est fichu »

Comme en 1914, bien des députés sortants sont partis la fleur au fusil. Se félicitant du « bon coup » du président. Assurant que ces quatre semaines de campagne seraient une revigorante promenade de santé.

Quelques proches de Chirac, pourtant, s'inquiètent, autant pour eux-mêmes que pour le sort de leur majorité. Patrick Stefanini, le meilleur connaisseur de la carte électorale du RPR, sait déjà qu'il ne parviendra pas à reprendre la circonscription parisienne occupée jusque-là par Alain Juppé, dans le XVIIIe arrondissement de Paris. Mais, tendu, il juge qu'au-delà de son cas, la partie sera difficile.

Il n'est pas le seul. Quelques jours après l'annonce officielle de la dissolution, Chirac a téléphoné à Eric Raoult. Le ministre de la Ville est un fidèle. Mais ce qu'il dit au président lui fait l'effet d'une douche froide.

— Tu sais, confie Raoult, je ne suis pas certain que cela soit une bonne idée. Pour toi, c'est risqué. Et pour moi, en tout cas, c'est fichu.

— Tu plaisantes, Eric ! J'ai fait 57 % dans ta circonscription à la présidentielle. Tu passeras comme qui rigole.

— Ecoute, je ne plaisante pas du tout. Le Front national veut ma peau et nos électeurs sont remontés à bloc contre le gouvernement. Tu verras. Retiens ce que je te dis : pour toi c'est risqué et pour moi, c'est fichu.

La suite montrera que Raoult a vu juste [1].

Raoult n'a que son intuition et son expérience personnelle en Seine-Saint-Denis. D'autres ont des arguments plus percutants. Le mercredi 7 mai, c'est au tour de Jean-Louis Debré de prendre à part Chirac, après le

1. Candidat en Seine-Saint-Denis, Eric Raoult a été battu à l'issue d'une triangulaire avec le FN qui a permis au socialiste Alain Calmat de l'emporter.

Conseil des ministres. Le premier tour est dans quinze jours et Debré est livide. « Il y a quelque chose qui ne va pas, monsieur : les courbes d'intentions de vote menacent de se croiser. Celle de la majorité ne cesse de descendre alors que la gauche reste stable. » Debré assène quelques chiffres au président incrédule, avant de conclure : « En un mois, le nombre de nos circonscriptions incertaines a doublé. Monsieur, le scrutin s'annonce désormais très serré. »

12

Un chef de guerre nommé Jospin

« Vous trouvez donc que j'ai si peu de charme ? » a lancé, avec un sourire faussement inquiet, Lionel Jospin. Face aux journalistes qui le suivent dans cette campagne pour les législatives anticipées, il poursuit avec humour : « Vous savez, j'ai plus d'intuition et de charisme qu'on ne m'en prête... » Mais les yeux démentent le sourire de la bouche. On vient de rapporter au patron de la gauche une de ces petites scènes politiques qui, désormais, l'exaspèrent. Trois semaines plus tôt, au début du mois de mai, Alain Juppé, à la fin d'un déjeuner avec la presse, petit cigarillo aux lèvres, s'est enquis de son adversaire. Avec condescendance, d'un ton un peu négligent, il a demandé : « Alors, comment le trouvez-vous, ce Jospin ? » Puis, sans attendre la réponse, il a lâché du bout des lèvres, pour lui-même comme pour les autres : « Il est tout de même très mauvais, non ? »

Jospin ne devrait pas s'en émouvoir. Après tout, si ses adversaires ne le voient pas venir, ils n'auront à s'en prendre qu'à eux-mêmes. Mais si ce jugement cavalier de son adversaire paraît le blesser, c'est aussi parce qu'il rejoint une idée largement répandue. Une idée qui veut que les 47,3 % obtenus à la présidentielle ne soient pas de son fait. Une thèse qui présente ce beau score comme le signe de la persistance d'un véritable bloc de gauche représentant près de la moitié du pays. Indépendamment des qualités de son chef politique. En somme, Lionel Jospin s'exaspère de cette manie si répandue qui consiste à le sous-estimer.

Le chef des socialistes est pourtant certain de sa force et de celle de son parti. Dès la fin du mois d'avril 1997, lorsque la dissolution n'était encore qu'une rumeur, il s'est persuadé que son camp était en ordre de marche. Le soir même de son annonce officielle par le président de la République, il a confié à son ami Claude Allègre : « La droite a sans doute fait là sa plus belle erreur. » Depuis, il se démultiplie.

On le voit partout en campagne, il répond à la presse, accepte quelques photos en compagnie de son épouse. Et cogne sur ses adversaires. Du premier ministre, il a fait sa cible favorite. « Juppé est un punching-ball agréable », disent ses amis au PS.

« Je suis le fils d'une sage-femme... »

Mais ceux qui voient le Parti socialiste de loin pensent encore que « Lionel » se révèle surtout en campagne, s'éteignant lorsque la politique reprend son cours. Bref, ils veulent bien le voir en chef de la gauche. Ils ne l'imaginent pas en premier ministre.

Qui l'imaginerait à ce poste, sinon lui-même ? Depuis deux ans, on l'entend peu, le parti paraît encore convalescent. Même les Guignols de l'info, qui caricaturent la politique à heures fixes sur Canal Plus, n'ont trouvé pour le représenter qu'une marionnette qui ne lui ressemble pas. Son personnage de latex, « Yoyo », est un benêt, hésitant entre l'hystérie et la perplexité.

La caricature est cinglante. Mais elle est fausse. Car depuis la présidentielle, Lionel Jospin s'est pris à croire en son destin. Si ses adversaires le sous-estiment, c'est qu'il est décidé à se préparer un futur discrètement. Afin d'éviter les chausse-trappes du pouvoir.

Cet homme se maîtrise parfois au point de paraître sans affect. Mais cette retenue lui a souvent évité les dérapages. En deux ans, cependant, le leader socialiste s'est métamorphosé. La reconnaissance par les militants, son score à la présidentielle, un remariage avec Sylviane Agacinski, une professeur de philosophie, l'ont transformé. « J'ai fendu l'armure », disait-il joliment pendant la présidentielle. La mort aussi de François Mitterrand l'a débarrassé d'une tutelle psychologique.

Depuis, il parfait son image d'homme modeste et citoyen. « Je suis le fils d'une sage-femme et d'un enseignant, dit-il. Je considère venir d'un milieu assez simple. Je n'ai absolument pas le désir d'appartenir à une sorte de "classe supérieure". » Et encore, en compagnie de sa femme : « Nous ne sommes pas d'une autre essence que les citoyens de ce pays. Nous vivons au milieu d'eux. » Quand les trois quarts des Français affirment que la classe politique est coupée des réalités, cette proximité affichée trouve facilement une audience.

Le PS : une machine qui tourne

Parallèlement à cette réassurance psychologique, la réussite de la campagne de 1995 a persuadé Jospin d'une chose : le Parti socialiste reste une extraordinaire machine de guerre. La droite croit son parti en pleine déliquescence ? Lui a testé, dans les régions de France, combien les cadres socialistes sont mobilisés pour préparer l'alternance. Rajeunis, regonflés, ils sont redevenus performants depuis 1993. Les rideaux métalliques des permanences ont été relevés un peu partout par des gens qui veulent en découdre avec la droite. Surtout, dès qu'une campagne se profile, les fédérations sont capables de mobiliser très largement leurs sympathisants. Dans la capitale, les affaires qui touchent le couple Tiberi ont redonné une formidable énergie à la fédération parisienne. En Ile-de-France, c'est le système de financement du RPR et son cortège de mises en examen qui affleurent un peu partout. Tout cela a donné « du grain à moudre » à l'ensemble du parti. Jospin pensait pouvoir utiliser cette dynamique… en 1998. Mais, au fond, le fait que les échéances soient raccourcies de neuf mois ne modifie pas la donne.

Contrairement à la caricature que lui infligent ses adversaires, le chef des socialistes a aussi largement utilisé ces deux ans pour soumettre son camp à un rajeunissement discret. La méthode Jospin n'est pas révolutionnaire, elle est efficace. Elle n'est pas flamboyante, elle est solide.

De décembre 95 à décembre 96, d'abord, il a mis le parti au travail. Un peu partout, on a réamorcé les débats, on a recueilli les propositions, on a élaboré des programmes. Qu'on ne se trompe pas sur cette démocratie apparente. En réalité, les grandes décisions sont toujours prises dans les cénacles de la direction du PS. La plupart des propositions de campagne des socialistes sont bien sorties des cerveaux de Dominique Strauss-Kahn, Hubert Védrine, Elisabeth Guigou ou Pierre Moscovici. Mais au moins a-t-on le sentiment, à la base, que le parti est sorti de la guerre des courants. Que l'on peut parler du fond sans que les rivalités de pouvoir viennent tout gâcher. Bref, on a l'impression de participer.

140 candidates pour faire oublier les «juppettes»

Lionel Jospin, surtout, a compris qu'il fallait moderniser le parti. Sortir de l'image d'archaïsme laissée par la défaite de 1993. Réinvestir à gauche, après l'OPA tentée par Chirac et sa fracture sociale.

Aussi pointe-t-il avec attention chaque erreur de l'adversaire. Le renvoi brutal et maladroit des quelques femmes ministres dans le premier gouvernement Juppé l'a fait réfléchir. Convaincu que le renouvellement politique, auquel aspirent les Français, passera aussi par l'arrivée des femmes au pouvoir, il a senti qu'il y avait là un domaine à défricher. Or à ses yeux, la gauche se doit d'être en pointe sur le sujet. Sa femme, Sylviane, qui n'a jamais caché son féminisme, a achevé de le persuader.

Dès la fin de l'année 1996, Jospin a donc imposé au parti un système qui aurait pu soulever la contestation interne et… a été admis sans trop de difficultés. Près de 140 circonscriptions ont été réservées d'autorité à des femmes. Ce ne sont pas forcément les meilleures terres d'élection, mais ce ne sont pas non plus les pires. Bien sûr quelques hommes, écartés, ont rechigné à laisser leur place. Dans les Ardennes, le patron de la fédération a exigé que la candidate qu'on lui envoyait « sache découper le sanglier ». Est-ce si nécessaire à l'Assemblée ? Mais pour le reste, la volonté de féminiser les rangs du parti a été respectée. Et si Laurent Fabius a déclaré qu'il « est plus facile de laisser à une femme son siège dans l'autobus qu'à l'Assemblée », refusant d'appliquer à sa fédération de Haute-Normandie la règle commune, c'est lui qui est apparu en retard d'une bataille.

Sortir du « balladurisme économique »

Ce volontarisme politique est une des clés de la méthode Jospin. Au-delà de la féminisation des candidats socialistes, le chef du PS sait bien que pour parvenir au pouvoir, ce qui reste sa véritable ambition, il faut entamer le renouvellement idéologique de la gauche.

Les années Bérégovoy, puis la formidable séduction du tandem Sarkozy-Balladur, ont déteint sur les économistes du PS. La pensée unique, tant dénoncée par Chirac, est présente partout, croit Jospin. Or, il reste convaincu que la gauche ne retrouvera son âme et ses électeurs qu'en sortant des sentiers battus.

Lui aussi regarde avec attention, chaque semaine, la progression du best-seller de Viviane Forrester dans les classements des meilleures ventes de livres. Il est donc convaincu que le fatalisme adopté par certains leaders socialistes, assurant qu'on ne peut finalement sortir de l'orthodoxie monétariste, provoque le rejet. Et conduit tout droit certains électeurs de la gauche à l'abstention, voire dans les bras du Front national.

C'est donc à l'instigation de Jospin que Dominique Strauss-Kahn et quelques économistes du PS ont été priés de réfléchir à des mesures « non conformistes ». Les 700 000 emplois pour les jeunes dont 350 000 dans le public sont nés ainsi. De même que la proposition de rétablir l'autorisation administrative de licenciement et le choix de la baisse du temps de travail. « Osons revenir à gauche », a lancé Jospin à ses troupes.

Jospin et les « droits-de-l'hommistes »

Parallèlement, Lionel Jospin a voulu recentrer son parti sur les questions d'immigration et de sécurité. Car depuis longtemps, il est convaincu que les déclarations de la gauche laissent les habitants des banlieues persuadés qu'elle ne se préoccupe que des immigrés.

Daniel Vaillant, son ami de longue date, a joué un rôle clé dans la maturation de cette idée. Elu dans le XVIIIe arrondissement de Paris, habitant lui-même un quartier populaire du XVIIIe, ce qui reste très rare parmi la classe politique, Vaillant juge que la gauche ne cesse de perdre ses troupes parce qu'elle refuse de prendre en compte l'aspiration de chacun à la sécurité.

Depuis longtemps, il explique à « Lionel » qu'il faudra bien que le PS sorte de son éternel dialogue avec les associations « droits-de-l'hommistes », dialogue qui l'a rejeté dans sa caricature de gauche caviar. C'est aussi pour cela que Jospin reste discret lors de l'occupation de l'église Saint-Bernard par un groupe de sans-papiers tout au long de l'été 1996. Il ne se rend ni auprès des grévistes de la faim, ni dans les manifestations de soutien. Ses interventions sont rares, à contre-emploi.

Mais l'affaire de Saint-Bernard montre combien il est difficile pour le PS de se détacher d'un courant très profond de la gauche : le courant humanitaire, attaché à la lutte pour les droits de l'homme. Le silence de Jospin est alors très critiqué dans son propre camp. Martine Aubry qui, elle, rend visite aux sans-papiers, incarne rapidement, aux yeux d'une partie de la gauche, une alternative possible.

« Le pion » contre « le cynique »

Patiemment, pourtant, Lionel Jospin continue de se forger un destin. Engagé sur la voie du volontarisme économique et du réalisme social, il lui faut aussi gérer « l'héritage ». Et l'héritage s'appelle François Mitterrand.

Sa campagne présidentielle lui a permis de valider ce qu'il pressentait. Comme lui, si les électeurs sont toujours attachés au personnage de l'ancien président, ils veulent rompre avec ses méthodes. Ce credo, Jospin l'a pratiqué pour lui-même, lorsqu'il a protesté contre l'entrée de Bernard Tapie dans le gouvernement Bérégovoy. Une attitude qui lui a valu de perdre son portefeuille de ministre. Mais il a tenu bon. Désormais, Jospin milite publiquement pour ce retour à la morale.

Il s'est lancé sur ce thème devant ses camarades de parti dès le 3 avril 1993, au lendemain de la déconfiture de la gauche aux législatives. Ce jour-là, devant le comité directeur du PS, alors qu'il sait déjà que les mitterrandistes rapporteront son discours au président, il déclare : « La gauche doit son échec à elle-même, la résignation face au chômage, la coupure avec les milieux populaires, des pratiques trop éloignées de nos idéaux. Ce sont là les raisons de notre affaiblissement après douze années de pouvoir [1]. »

François Mitterrand ne peut s'étonner si, par la suite, Lionel Jospin soupire après avoir pris connaissance du livre de Pierre Péan qui relate le rôle du président auprès du gouvernement de Pétain : « On voudrait rêver d'un itinéraire plus simple et plus clair pour celui qui fut le leader de la gauche française des années 70 et 80. » Le « droit d'inventaire » que revendique Jospin est bien dans sa nature rigoureuse et dans son aspiration à redonner à la gauche l'éthique perdue.

François Mitterrand fera savoir avant de mourir combien cette liberté critique lui déplaît. « Lionel Jospin n'est pas un homme servile », concède-t-il du bout des lèvres lors de la campagne présidentielle. En privé, pourtant, il n'appelle plus l'ancien ministre de l'Education nationale que « le pion ». Celui qui surveille, rappelle à l'ordre, punit au besoin. Mais reste cantonné dans les seconds rôles.

Jospin est suffisamment au fait des nostalgies militantes pour ne pas pousser plus loin sa condamnation

1. Rapporté par Florence Muracciole et Gérard Leclerc dans *Lionel Jospin, l'héritier rebelle,* Jean-Claude Lattès.

du mitterrandisme. Au final, son habileté consiste à en avoir dit assez pour ramener à lui les rocardiens et les deloristes. Sans avoir pour autant éloigné les affidés de Mitterrand.

Droite-gauche : l'ignorance est la règle

Se peut-il que la droite ne s'aperçoive pas de ce cheminement-là ? Elle refuse de le considérer, en tout cas. On imagine souvent le milieu politique comme un milieu homogène et clos. On croit savoir que les hommes et femmes qui y vivent, en partageant le même mode de vie, sont souvent moins adversaires que les campagnes électorales ne le laissent croire. La réalité est tout autre. En vérité, la droite n'a pas suivi la transformation de la gauche. Elle connaît mal Lionel Jospin et n'a du PS qu'une vision datant déjà d'une demi-douzaine d'années. Ses chefs ne lisent pas, dans les journaux, les articles qui relatent l'évolution du Parti socialiste. Lorsque Jacques Chirac s'est rendu en visite officielle en Grande-Bretagne, il a rencontré Tony Blair sans vraiment mesurer la personnalité de celui qui déjà, pourtant, était donné comme le successeur probable de Major. Jospin ? Il l'a reçu à l'Elysée une fois, comme il recevait tous les chefs de parti.

Et les relais habituels de la majorité sont tout aussi désorientés. Comment ne le seraient-ils pas ? L'élection législative de 1993 a écrasé la gauche. A l'Assemblée, les députés socialistes ne sont pas 60. A la décharge de la droite, les consulter dans la salle des quatre colonnes ou à la buvette de l'Assemblée, ne donne qu'une image imparfaite de la préparation de Lionel Jospin. Car le groupe des « rescapés » de l'hécatombe socialiste est essentiellement fabiusien. Et les amis de Laurent Fabius ne cachent pas la piètre opinion qu'ils ont de l'éternel rival de leur patron…

Le retour de Chevènement

Aussi, depuis deux ans, Lionel Jospin s'appuie-t-il sur ses proches pour refonder sa gauche. Mais il a aussi rapidement eu l'intuition que le Parti socialiste n'aurait pas, à lui seul, la majorité absolue, législatives anticipées ou pas. Très vite, il a donc demandé à Jean-Christophe Cambadélis de « travailler » les relations du PS avec ses alliés naturels. Cambadélis, qui a gardé de ses années de président de l'UNEF le goût des discussions d'appareil et une vraie séduction, ne cesse donc de rencontrer communistes, chevènementistes et écologistes. Jospin a clairement analysé les choses : même s'il subsiste toujours des désaccords de fond, l'important est que le dialogue soit apaisé entre toutes les forces de gauche.

C'est avec Jean-Pierre Chevènement que les choses ont été les plus faciles. Après tout, Chevènement fait partie de la famille. Et s'il a pris le tournant anti-maastrichtien, Jospin sait bien qu'il se lasse de cette traversée du désert qui se prolonge depuis sa démission du ministère de la Défense, en pleine guerre du Golfe. Jospin connaît Chevènement depuis les années 70. Patron du Ceres, c'est lui qui l'a convaincu, en 1971, de rejoindre l'équipe d'experts qui se regroupait autour de François Mitterrand. Jospin avait 34 ans, Chevènement 36 ans. Depuis, les deux hommes se sont succédé au ministère de l'Education nationale avant de suivre des parcours différents. Mais ils ont toujours conservé une estime mutuelle. De ce côté-là, Jospin sait déjà que les accords électoraux ne poseront pas de difficultés. Chevènement exigera, bien sûr, un certain nombre de sièges pour ses propres candidats du Mouvement des citoyens. Mais on peut être certain de sa participation au gouvernement en cas de victoire. Chevènement a suffisamment goûté les joies de l'opposition.

Le ralliement des communistes

Avec Robert Hue, les choses sont évidemment plus compliquées. Quelles que soient les volontés de rénovation du nouveau secrétaire général du Parti communiste, les orthodoxes contrôlent encore largement l'appareil. Certes, Robert Hue se verrait bien participer aux affaires, mais une forte minorité menée par le Picard Maxime Gremetz continue de soutenir que le PCF doit rester dans l'opposition, sous peine d'être absorbé par le PS comme au temps de François Mitterrand.

Les pronostics électoraux ont vite ramené à la raison les plus réticents du parti. Le PCF risque de perdre son groupe parlementaire à l'Assemblée s'il ne passe pas de solides accords électoraux avec ses partenaires de gauche. Il n'est plus question de se lancer dans la voie hasardeuse du rejet à tout prix.

Par ailleurs, Lionel Jospin a vite trouvé le moyen de les lier dans la campagne électorale. En affirmant qu'il ne fera pas la monnaie unique si celle-ci impose davantage de rigueur, il permet aux communistes de se rallier sans paraître se renier. Et sauve surtout la face de Robert Hue. Car le secrétaire général du PCF sait qu'il faudra bien la faire, cette monnaie unique. Ajouter des exigences à sa réalisation, comme le fait Jospin, est une façon réaliste et digne de sortir d'une contestation sans issue.

Une tête politique nommée Voynet

Restaient les Verts. Ceux-là ont une dirigeante très politique. Dominique Voynet a depuis longtemps fait l'analyse qu'elle-même et ses amis doivent se transformer en parti de gouvernement. A l'image des Verts allemands. Une grande part de son combat contre Antoine Waechter s'est nourrie de leur divergence d'analyse. Waechter a toujours soutenu une écologie « apolitique », ni à droite ni à gauche. Voynet, elle, est convaincue que les institutions de la Ve République et notamment le scrutin majoritaire obligent les Verts à passer des accords électoraux. Militante de gauche « depuis toujours », dit-elle, la seule alliance qui vaille à ses yeux passe par le Parti socialiste et éventuellement le Parti communiste, bien qu'elle n'apprécie pas les options du PCF en matière d'autoroutes ou d'énergie nucléaire.

Intelligente et gaie, Voynet s'est imposée à la tête de son mouvement à coups de congrès habilement menés.

Elle a rallié à elle un bon nombre de cadres du mouvement qui, sans rompre tout à fait avec le stéréotype habituel de l'écolo écharpe-vélo-nourriture bio, sont aussi parfaitement rodés à la politique. Présents dans bon nombre de conseils régionaux, ces hommes et ces femmes se sont aguerris dans les débats, les négociations d'amendements et les tractations électorales.

Pour elle, il est clair que l'écologie n'a pas vocation à rester groupusculaire et dans l'opposition. Elle a donc très vite accepté d'entamer les discussions avec Jean-Christophe Cambadélis d'abord, puis avec Lionel Jospin. Il s'agissait de négocier des circonscriptions « éligibles » dans lesquelles les écologistes se présenteraient avec un suppléant socialiste. En contrepartie, les Verts adoptent une discipline de vote très stricte au second tour, afin de reporter leurs voix sur les candidats PS. Surtout, en cas de victoire, ils participeront au gouvernement.

« Pour nous, c'est jouable »

C'est donc à la tête de cette gauche ressoudée que Lionel Jospin part à la bataille. Et alors que la droite raille « le retour du communisme » sans faire peur à personne, Gérard Le Gall, le spécialiste électoral du PS, fait le compte des circonscriptions dans lesquelles la gauche peut gagner. Quelques jours après l'annonce de la dissolution, il l'a assuré à Lionel Jospin : « Pour nous, c'est jouable. » Parmi les amis de Laurent Fabius, seul Claude Bartolone a de telles certitudes. Bartolone, qui se représente en Seine-Saint-Denis, ne finit pas de parier déjeuners et caisses de bons vins sur une victoire de la gauche.

Pourtant, dans les deux camps, la campagne met quelque temps à « prendre ». En ce début du mois de mai, les organisateurs de la majorité comme de l'opposition ont un mal fou à trouver des jeunes à placer aux premiers rangs, afin que les télévisions ne filment que des images plaisantes et dynamiques. Les jeunes en question sont en pleine révision d'examens… A droite, les candidats constatent que les électeurs gardent leur distance. Sauf lorsqu'il s'agit de demander des explications sur la dissolution de l'Assemblée. A gauche, l'ambiance reste molle. Mais Elisabeth Guigou, qui s'est lancée à l'assaut des marchés d'Avignon, Martine Aubry qui ratisse les quartiers de la périphérie lilloise, expliquent à qui veut bien les entendre qu'elles n'ont jamais vu les électeurs poser autant de questions précises sur le budget de l'Etat, les prélèvements obligatoires ou la TVA…

François Bayrou, qui fait une campagne relativement modeste pour la majorité, promène partout son ordinateur portable. « J'ai écrit moi-même le programme », dit-il avec orgueil, en expliquant qu'il conserve en mémoire quinze années de résultats électoraux dans les 577 circonscriptions et les quelque 4 000 cantons que compte le pays. A dix jours du premier tour, son ordinateur lui donne encore 319 sièges pour la majorité.

Mais Anne-Marie Couderc, qui se présente en candidate RPR-UDF à Paris, reconnaît avec dépit qu'on ne lui parle que des affaires Tiberi. Sur un marché, un électeur lui a lancé au visage un prénom qui sonnait clairement comme une insulte : « Xavière. »

Everybody loves Tony Blair

Pourquoi l'ambiance a-t-elle finalement tourné ? A quelques jours du premier tour, il devient de plus en plus évident que la droite ne parvient pas à mobiliser. La dynamique n'est pas encore perceptible à gauche. Mais le rejet du gouvernement est de plus en plus clairement exprimé.

François Hollande, le porte-parole de la campagne socialiste, qui se présente en pleine Chiraquie, au cœur de la Corrèze, a senti lui-même un vent nouveau. Ici, on ne parle de Chirac qu'en l'appelant « le grand Jacques ». Et pourtant, l'exaspération contre l'équipe d'Alain Juppé ne parvient plus à s'effacer derrière l'affection pour l'élu du pays devenu président. Oui, quelque chose est en train de se passer.

En Grande-Bretagne, l'élection du travailliste Tony Blair paraît avoir donné comme un coup d'accélérateur à la campagne socialiste. Tony Blair est jeune, moderne, et il a opéré un formidable travail de recentrage des thèses de son parti, qui l'éloigne des options étatistes du PS français. Mais sa victoire offre aux socialistes un formidable argument de campagne. Ségolène Royal, Pierre Moscovici, Jacques Delors ne cessent de marteler que la France et l'Allemagne restent les deux derniers pays conservateurs d'Europe, et qu'il est bon que l'alternance fasse souffler le renouveau sur tout le continent.

A droite, on est déboussolé. Dans leurs tentatives frénétiques pour contrer la gauche, voilà que Bayrou, Juppé et même Madelin se réclament à leur tour du travailliste anglais. Si même la droite se met à approuver la gauche britannique, pourquoi ne pas essayer, alors, le socialisme à la française ?

Lors du dernier meeting national de la gauche, juste avant le premier tour des législatives, l'atmosphère est au délire. Les socialistes ont choisi Toulouse, à quelques kilomètres de Cintegabelle, le fief de Jospin en Haute-Garonne, et tout ce que le Sud-Ouest compte de militants de gauche paraît s'être donné rendez-vous dans la ville rose.

Derrière la tribune, les organisateurs ont remplacé le panneau où l'on décompte, depuis le début de la campagne, le nombre de jours qui restent « pour changer de majorité ». A la place, on peut voir un grand cœur blanc qui s'apprête à glisser dans une urne jaune : « Dimanche, dites ce que vous avez sur le cœur. »

« Il faut créer le désir »

Ce dimanche est donc arrivé. Et la surprise est extraordinaire. Les candidats ont eu beau « sentir » le terrain, les derniers sondages secrets promettre la chute de la droite, le soir de l'élection est un choc. Un séisme.

Dès 19 h 30, François Hollande a téléphoné à Cintegabelle. Au bout du fil, il a trouvé un Lionel Jospin transformé. Un Jospin qui a déjà compris qu'il allait gagner. Mais un chef qui prépare déjà le second tour. En raccrochant, Hollande transmet la nouvelle consigne : « C'est dans la poche. Mais il ne faut pas encore le dire. »

Car le patron des socialistes a compris qu'il faut

maintenant accompagner les Français dans leur démarche d'alternance. Il s'agit donc d'être modeste, de prendre de la hauteur. La consigne a été claire. On réduira le nombre des meetings et on évitera les petites phrases. Il s'agit de ne pas troubler le spectacle de la grande dépression chiraquienne. « Prenez une tonalité positive, a aussi recommandé Jospin à ses proches. Si on joue simplement la carte de la sanction du pouvoir, on risque de freiner le mouvement. Il faut créer le désir. Il faut que les Français aient envie de continuer avec nous. »

13

Le jour où Le Pen a tué la droite

Au siège du Front national, à Saint-Cloud, on a débouché les bouteilles de mousseux. « C'est nous qui buvons et c'est Chirac qui trinque. » Jean-Marie Le Pen est rouge d'excitation. A ses côtés, sa seconde femme, « Janie », tout en bijoux et mise en plis, applaudie bruyamment en compagnie du secrétaire général du FN Bruno Gollnisch. En ce soir de premier tour, l'immeuble de Saint-Cloud qui abrite le siège du Front national est en ébullition. Rebaptisé le « paquebot », du fait de son enchevêtrement de coursives, il est traversé en tous sens par des jeunes gens affairés, qui agitent des liasses de feuilles volantes. Les militants ont le regard fiévreux des grands soirs. Les photographes se bousculent dans le sillage du chef.

Car les résultats de ce premier tour s'annoncent excellents pour l'extrême droite. Le slogan de choc « Sortons les sortants » a fait mouche. Dès avant 20 heures, un chiffre court sur toutes les lèvres : 15 % des électeurs ont choisi la « préférence nationale ». Alors face aux objectifs, le président du FN a troqué le verre d'eau auquel il s'astreint officiellement depuis le début de la campagne pour un verre de vin blanc pétillant. « Chirac voulait éviter une vague FN, s'exclame-t-il, il va être servi... » Quelques pas en retrait, l'ancien Waffen SS Franz Schönhüber, leader de l'extrême droite allemande, peut lui aussi, afficher sa satisfaction. Avec un tel score, la biographie qu'il vient de consacrer au chef de l'extrême droite française, *Le Pen, der Rebelle,* n'aura pas besoin de trop de publicité en Allemagne.

« Ces pauvres Chirac et Juppé »

Dès le milieu de l'après-midi, Le Pen a réuni autour de lui un bureau politique informel, élargi aux responsables qui, comme Marie-France Stirbois, ont été réquisitionnés pour faire la tournée des plateaux télévisés. La direction n'a pas besoin de longues palabres pour arrêter une stratégie, celle-ci est prête depuis longtemps. On poursuit la ligne politique adoptée lors des élections précédentes : tout candidat FN ayant dépassé la barre des 12,5 % des inscrits a pour consigne de se maintenir au second tour.

Le Pen est au comble de la bonne humeur. Régulièrement, il se tourne vers Gollnisch pour faire un bon mot, tourner en ridicule ces « pauvres Chirac et Juppé ». Ce soir, la démonstration est faite : face à la gauche, la droite ne peut plus espérer emporter un scrutin national à deux tours sans un accord avec l'extrême droite. Le patron du FN tient la majorité dans sa main.

Pour la majorité sortante, en effet, ce premier tour est

un choc. Créditée de 36,6 % des suffrages, elle atteint son plus bas niveau depuis le début de la Ve République. Pire, elle est encerclée de chaque côté par des forces en expansion. Sur sa gauche, l'alliance entre le PS, le PC et les Verts obtient, avec 44,28 %, un somptueux résultat. Sur sa droite, la progression du FN est spectaculaire : avec 14,98 % des voix, les candidats lepénistes sont en mesure de se maintenir dans 133 circonscriptions.

Or, le FN a conduit une campagne brutale. Tout y est passé : les « politiques pourris », la « jeunesse dévoyée » et l'« invasion » des immigrés. Chaque fois, Le Pen et ses lieutenants sont allés plus loin dans la surenchère. Plus la droite parlementaire tentait d'adopter un discours mesuré, rationnel, « moderne », plus le FN a durci ses thèmes de campagne. Récupérant sans doute les électeurs les plus radicaux de l'alliance RPR-UDF.

Le Front national est pourtant loin des deux cents triangulaires promises par ses chefs à la coalition RPR-UDF. Quant aux cinquante circonscriptions considérées comme « prenables » par Le Pen et ses experts électoraux au début du mois de mai, elles se réduisent maintenant à une demi-douzaine d'« opportunités » pour qui veut bien se pencher sur les résultats. Qu'importe. Devant son téléviseur, Le Pen manifeste bruyamment sa joie chaque fois qu'une mauvaise nouvelle touche le RPR et l'UDF. Quelques-unes de ses bêtes noires ont été blessées ? Il bat des mains. Entendre que le ministre Eric Raoult est en difficulté en Seine-Saint-Denis lui a arraché quelques insultes. Découvrir que le très juppéiste Jean-François Copé paraît condamné à Meaux déclenche son hilarité.

Marie-Caroline en tête

Un bonheur n'arrivant jamais seul, Marie-Caroline Le Pen a réussi une belle performance dans les Yvelines. Marie-Caroline est l'aînée des filles Le Pen. A 37 ans, elle est la plus blonde et la plus militante des trois. C'est elle qui a repris la direction de la Serp, la société d'édition qui édite notamment les cassettes et les vidéos de propagande du Front national. Jusque-là, elle se cassait les dents à Neuilly, mais cette fois, elle a choisi une circonscription populaire, à Mantes-la-Jolie, où son nom et son allure bourgeoise ont fait merveille. Et les résultats sont tombés : l'héritière du chef nationaliste arrive en tête du premier tour, deux points devant le jeune maire RPR Pierre Bédier, un fidèle d'Alain Juppé, et près de quatre points devant la socialiste Annette Peulvast-Bergeal[1].

Un peu partout, le Front national a réussi de vraies percées. Les départements de la grande couronne parisienne comme l'Eure, l'Oise, le Val-d'Oise ou la Seine-et-Marne ont voté massivement pour le FN. Parfois à plus de 25 %, comme à Creil, où les électeurs ont propulsé Michel Guiniot à cinq points devant le sortant RPR, Ernest Chénières. La région lyonnaise, le bassin méditerranéen, de Menton à Béziers, et surtout l'Alsace et la Moselle ont ouvert un boulevard à l'extrême droite. C'est le cas à Mulhouse, où le FN Gérard Freulet

1. Au deuxième tour, Jean-Marie Le Pen ira soutenir sa fille à Mantes-la-Jolie. Là, il n'hésitera pas à agresser la candidate socialiste Annette Peulvast-Bergeal, distribuant lui-même les coups de poing. La socialiste l'a tout de même emporté.

devance le RPR Joseph Klifa avec 26,80 % des voix. Les candidats FN ont « accroché » nombre de grosses pointures dès le premier tour. En Seine-et-Marne, Didier Coquard, un inconnu, s'offre le luxe d'entraîner Guy Drut dans une triangulaire incertaine. Voir le ministre des Sports, l'homme le plus populaire du gouvernement, gêné par l'un des siens : cette fois, Le Pen s'esclaffe franchement.

Enivrante victoire. Ce soir, à bord du paquebot de Saint-Cloud, l'équipage frontiste s'imagine créant la surprise au soir du second tour, dans une semaine. Jamais issue d'une élection n'a paru aussi ouverte depuis les législatives de 1978... En arrachant plusieurs sièges inattendus à l'Assemblée, le FN peut encore espérer devenir un « groupe charnière » dans l'Hémicycle, celui sans qui la droite traditionnelle ne pourra plus gouverner.

73 ans en 2002 : il sera trop tard

Début mai, pourtant, Jean-Marie Le Pen a détesté l'annonce de la dissolution de l'Assemblée. Jusque-là, en effet, il pariait sur une campagne électorale de plusieurs mois, assombrie par les difficultés économiques du gouvernement et pavée d'affaires. Le feuilleton immobilier de la mairie de Paris, les difficultés du RPR dans l'Oise, les rumeurs de mise en examen des trésoriers de l'ex-CDS faisaient le jeu du Front national. Il n'y avait qu'à laisser mijoter la marmite jusqu'au mois de mars 1998, pensait-il. Au lieu de cela, il a fallu emballer la machine. Pire, Jean-Marie Le Pen, dont la candidature restait en suspens à Nice, a dû pour la première fois renoncer à se présenter, faute de disposer d'une circonscription gagnable. Mais son sens politique n'a pas tardé à discerner les avantages de ce bouleversement imprévu.

Le chef du FN, en effet, a 69 ans. Et l'ex-étudiant turbulent du Quartier latin est tout sauf un imbécile. Il sait qu'il abat ses dernières cartes en politique. En 2002, à 73 ans, l'ancien officier d'Indochine et d'Algérie, élu député poujadiste de Paris en 1958, aura beaucoup de mal à ne pas passer pour un représentant d'une génération archaïque, désuète, finie. Malgré ses déclarations répétées, Le Pen comprend qu'il lui sera difficile à cet âge de s'imposer comme le candidat naturel de son parti à la présidentielle. Déjà, autour de lui, certains s'emploient à préparer sa succession...

Faute de pouvoir attendre que le fruit tombe, il a donc opté pour une autre stratégie : secouer l'arbre, comme un forcené s'il le faut. A la réflexion, Jean-Marie Le Pen s'est persuadé que cette dissolution était une aubaine. A condition que la gauche gagne. Car il est sûr que la cohabitation avec Jacques Chirac ne pourra durer cinq années d'affilée. Dans cette hypothèse, les échéances législatives et, espère-t-il, présidentielles pourraient être accélérées, lui laissant une nouvelle chance. Au fond de lui-même, Le Pen rêve d'un nouveau tour de piste élyséen. Il s'afficherait une fois de plus dans ce rôle qu'il chérit entre tous, l'alternative à la « bande des quatre », le RPR, l'UDF, le PS et le PC, discrédités, pense-t-il, par quarante ans de pouvoir d'affilée.

A la veille du premier tour, sa décision est prise.

« Plutôt Jospin que Chirac », assure Le Pen. Quand on s'en étonne, le chef du Front national n'a qu'une vague explication idéologique : le candidat socialiste est « moins hystériquement européiste que le président ».

Obtenir la peau de Chirac

Le président de la République, voilà son ennemi. Même brève, même anticipée, cette campagne est aussi l'occasion de solder le compte ancien qui l'oppose à Jacques Chirac. Car les deux hommes se détestent, viscéralement.

Depuis le début de son septennat, le président, appuyé par Alain Juppé n'a cessé de condamner le racisme et l'antisémitisme, visant à chaque fois implicitement Le Pen et ses troupes. Mieux, il est allé plus loin que ne l'avait fait la gauche de François Mitterrand, dans la lutte contre les démons de l'extrême droite. Le 16 juillet 1995, à l'occasion du 53e anniversaire de la rafle du Vél' d'Hiv', le chef de l'Etat a reconnu la responsabilité du pouvoir français dans la déportation de juifs vers l'Allemagne où des millions d'entre eux ont été exterminés. Provoquant l'exaspération de toute une frange du Front national franchement pétainiste. Deux ans plus tard, en mars 1997, recevant la communauté juive française à l'Elysée, le président de la République s'est posé en garant de la lutte de l'Etat contre le racisme et l'antisémitisme. Alors même que le FN menait une campagne xénophobe, à Vitrolles, dans le sud de la France.

Aux yeux de Le Pen, Chirac reste surtout celui qui a convaincu la droite traditionnelle, et le RPR en particulier, d'abandonner toute idée d'alliance avec le FN. Entre 1986 et 1988, en effet, le leader FN avait pu croire son heure arrivée. A cette époque, un Charles Pasqua reconnaissait partager des « valeurs communes » avec les électeurs du Front national. Et un Jean-Claude Gaudin avait de lui-même proposé une alliance avec l'extrême droite, au sein de son conseil régional Provence-Alpes-Côte d'Azur. C'était il y a dix ans. Depuis, la stratégie Chirac-Juppé, à la tête du RPR, a radicalement changé. Et ces dix années perdues, Le Pen n'est pas près de les oublier.

Un rival nommé Mégret

Tout le monde, au FN, ne partage pas cette façon de voir les choses. Et l'un des principaux contradicteurs de Le Pen est son héritier putatif, Bruno Mégret. Délégué général du Front national, surnommé « Nabot-Léon » ou « Goebbels » par ses adversaires, Bruno Mégret se distingue naturellement de son mentor, et pas seulement parce qu'il mesure deux bonnes têtes de moins que le chef. Tout, en effet, dissocie les deux hommes, sauf l'appétit pour le pouvoir.

L'un est né fils de conseiller d'Etat, l'autre a vu le jour chez un marin pêcheur breton. Diplômé de l'Ecole nationale des Ponts et Chaussées et de Polytechnique, Mégret a le vernis et la réserve froide des technocrates. A l'inverse, Le Pen joue sans cesse de son brio. L'un privilégie l'analyse rationnelle quand l'autre place plus haut que tout l'énergie et le charisme. L'un est austère, l'autre épicurien. L'un est méthodique, presque obsessionnel, l'autre aime le coup de poing. L'un est né en politique avec un FN qui flirtait déjà avec la ligne des 10 % de suffrages, l'autre sait l'humiliation terrible que procure un score de 0,1 % laborieusement rassemblé sur son nom. Sans oublier l'essentiel : dix-neuf ans séparent les deux hommes. Dix-neuf années qui en font deux étrangers l'un pour l'autre. Irrémédiablement.

Au départ, Mégret fut recruté par Jean-Marie Le Pen pour contrebalancer l'influence grandissante de Jean-Pierre Stirbois. Il a largement rempli sa mission. Il l'a même outrepassée. Avec lui, le Front des débuts s'est transformé en véritable parti, avec cadres et militants. Il a fallu dix ans d'efforts, de labourage du terrain et de fréquentation des sympathisants. Mais les résultats sont là. Sous sa houlette, les fédérations départementales ont appris à se structurer. On y dispense des cours de formation politique. Sur les affiches électorales, les crânes rasés, les nostalgiques du nazisme et les caciques venus de l'UDF et du RPR ont cédé la place à des candidats plus jeunes, présentables, affûtés, crédibles. Enfin, Mégret a fait ses preuves sur le terrain, en emportant des élections. Dans l'impossibilité de se présenter à l'élection municipale partielle de Vitrolles du fait d'un dépassement du plafond des dépenses en 1995, cet obstiné a imposé sa femme Catherine comme tête de liste. Et Catherine a gagné, à l'issue d'une lutte au couteau contre la gauche.

La conquête de Vitrolles

Vitrolles ! Voilà ce qui aurait dû avertir toute la classe politique. Car cette partielle, dans une ville-dortoir de la périphérie marseillaise, provoque un choc. Après les avertissements de Toulon, Marignane et Orange, tombées aux mains de maires FN deux ans auparavant, l'extrême droite l'emporte à nouveau. Malgré la candidature fantoche de son épouse Catherine, qui cache à peine les appétits personnels de son mari. Malgré la mobilisation de tout ce que le pays compte d'associations antiracistes et la venue de quelques stars des médias. Malgré, surtout, l'union de la gauche et de la droite pour contrer l'expansion du Front dans cette région.

Vitrolles. Voilà ce qui a à la fois impressionné et agacé Le Pen. Il le reconnaît, en privé, auprès de ses proches : « Mégret mène une campagne parfaite, assène-t-il. Il n'y a pas une seule cage d'escalier qu'il n'ait visitée. » Pourquoi ne pas le dire ? Le vieux chef de guerre apprécie, en connaisseur, la coordination des forces, le débarquement de militants venus de toute la France pour donner un coup de main, et l'énergie déployée.

En réalité, Le Pen sait que Bruno Mégret ne fait plus la même analyse que lui. A la tête d'un appareil puissant, disposant de temps, Mégret se défie de la politique de la terre brûlée préconisée par son aîné. Ce n'est pas qu'il croie en l'avenir de la droite traditionnelle. Mais, confronté aux socialistes sur ses terres provençales, Mégret considère simplement que le plus court chemin vers le pouvoir passera, tôt ou tard, par une association avec certains pans de la droite.

Les jours difficiles, une image hante son esprit, toujours la même : il voit un FN à 20 %, mais semblable au Parti communiste de Jacques Duclos. C'est-à-dire un

FN sans allié ni perspective, incapable de prendre les rênes de l'Etat. Un FN inutile. Et ce piège, il s'est juré de l'éviter. Autant dire que le pari fou de Le Pen, qui appelle la gauche au pouvoir avec l'espoir de provoquer le grand soulèvement purificateur, le fait frémir. Il n'y croit pas.

Depuis dix ans qu'il arpente les marchés de Marignane, de Vitrolles ou de Châteauneuf-lès-Martigues, Mégret passe au contraire son temps à préconiser la stratégie inverse : « Votez pour moi, assure-t-il aux vieilles dames en leur glissant un tract dans la main. C'est une voix de moins pour la gauche. » Aussi a-t-il pris la liberté, pour la première fois dans l'histoire du parti, de convoquer quelques jours avant le premier tour de ces législatives une conférence de presse au siège du FN, à Saint-Cloud, pour désavouer publiquement le chef après ses propos louangeurs sur Jospin. « Il est hors de question que le FN appelle à voter à gauche », précise alors Mégret. Signe du trouble ambiant, son adversaire Bruno Gollnisch, lui-même candidat à Meyzieu, dans l'ancienne circonscription de gauche du socialiste Jean Poperen, le rejoint sur cette question. Entre le père fondateur adulé et son rejeton, les liens se distendent sérieusement.

Les proscriptions et les indulgences

Contesté en sous-main, affaibli par son âge, Le Pen va pourtant trouver le moyen de reprendre l'initiative, grâce aux urnes. En ce soir du premier tour, c'est lui qui, une fois encore, mène la danse. Malgré le congrès de Strasbourg qui a sacré Mégret, deux mois plus tôt, malgré les chausse-trappes d'appareil, l'échec de la droite et le ballottage défavorable de son lieutenant l'ont remis en selle.

Car Mégret, crédité de seulement 35,45 % des voix au soir du premier tour, est en difficulté face au socialiste Henri d'Attilio. Sans doute paie-t-il là, à Marignane et Châteauneuf-lès-Martigues, l'extrême agressivité de sa campagne municipale de Vitrolles. Mais Le Pen, ce soir, n'en est plus aux analyses. Après avoir réaffirmé le maintien au second tour des candidats FN en mesure de le faire, le président du Front national, avec une délectation non dissimulée, peut enfin passer aux choses sérieuses. Et le voilà qui propose un marché cornélien aux candidats de la majorité sortante restés seuls en lice face à la gauche.

Ceux qui veulent obtenir le soutien du FN pour la seconde manche sont sommés de prendre publiquement position sur deux points. Ils doivent dire leur opposition au traité de Maastricht et prendre parti en faveur du principe de la « préférence nationale ». Soit, en d'autres termes, promettre de favoriser systématiquement les Français aux dépens des étrangers.

A ceux qui s'engagent, Le Pen propose d'apporter les voix du FN, à condition toutefois qu'ils n'aient pas attaqué trop durement le Front national par le passé. Quant à ceux qui persistent dans leur hostilité vis-à-vis du Front, c'est une punition qui les attend. Ils seront cités sur une liste de candidats à battre coûte que coûte. Tout est déjà prévu. Le chef du FN annonce qu'il fera connaître publiquement, jeudi 29 mai, dans l'enceinte du Palais des sports de Paris, la liste de ce qu'il appelle déjà les « proscriptions » et les « indulgences »... Après la pose des banderilles, la mise à mort de la droite peut commencer.

Angoisse à l'Elysée

A l'Elysée, on découvre avec effroi l'ampleur des dégâts. Près de deux cents députés sortants sont menacés de naufrage. Une Bérézina. Et Chirac ? Lui-même ne semble ne pas avoir intégré l'ampleur de la lame de fond. Le président reste marqué par une vision de la politique qui date de Georges Pompidou. Pour lui, les plaques tectoniques de la politique française n'ont pas vraiment bougé depuis l'époque du Général. Le pays est composé d'une droite à la fois gaulliste et démocrate-chrétienne et d'une gauche qui rassemble les socialistes et les communistes. L'Elysée, via Dominique de Villepin, n'a-t-il pas agité comme un chiffon rouge la menace communiste ? Un réflexe totalement décalé, lorsque l'on sait que même les boursiers du palais Brongniart n'y font plus attention. Quant à l'extrême droite, elle reste méprisable aux yeux du président. Indigne de la France.

Autour de lui, en revanche, ses conseillers sont atterrés. A la lumière crue des résultats, l'erreur de jugement de la majorité apparaît dans toute son ampleur. Car le FN a fait une campagne terrible, entièrement basée sur la contestation radicale du gouvernement et l'absence de légitimité des partis de la droite traditionnelle. Or, bon nombre des électeurs du RPR et de l'UDF ont voté pour lui.

Les frontistes ont aussi su éviter les pièges de la période électorale. Ils ont ainsi renoncé habilement aux meetings et réunions publiques. Une façon d'éviter les heurts avec les manifestations d'opposants emmenées par le Scalp, Ras'le Front ou le Collectif anti-Front national. Consigne a également été donnée aux militants de lever le pied sur les collages d'affiches, propices aux bagarres. En revanche, les militants ont été envoyés faire du porte-à-porte chez les particuliers et chez les commerçants. Mieux : les responsables de la propagande du parti ont largement diffusé un nouveau kit de campagne, avec cassette vidéo, dépliants et des brochures… Certains candidats ont même organisé des réunions d'appartement, autour de sympathisants et de relations. Une technique sûre pour faire passer ses idées, sans risque d'affrontement.

Les digues cèdent

Tout cela, les conseillers de Jacques Chirac le découvrent alors qu'il est déjà trop tard. Encore déroutés le lundi matin, Frédéric de Saint-Sernin, le Monsieur Sondages de l'Elysée, et Patrick Stefanini, numéro deux du RPR, comprennent dès le mardi que la partie est perdue. La majorité des 76 candidats de la majorité entraînés dans des triangulaires avec la gauche et l'extrême droite est déjà condamnée. Pour les autres, ceux qui se retrouvent aux prises avec la gauche, le dilemme est cruel. Où trouver le réservoir de voix supplémentaires pour coiffer la gauche à la fin de la semaine ? Déjà, Robert Pandraud, qui a longtemps voulu incarner la droite du RPR, affirme en privé à ses amis : « Il faut muscler notre discours. La tolérance affichée par Toubon à l'égard du groupe de rap NTM[1] a fait fuir nos électeurs. »

Dans la débâcle qui s'annonce, le miroir aux alouettes des indulgences de Le Pen commence à perturber certains esprits. Ici et là, des contacts se nouent. Dans la troisième circonscription de la Côte-d'Or, le député sortant Lucien Brenot tente d'échapper à l'étau PS en obtenant le retrait en sa faveur du candidat du parti d'extrême droite, Charles Cavin, qui avait obtenu plus de 22 % des suffrages. Il n'est pas le seul. Christian Martin, député UDF-FD du Maine-et-Loire, fait ainsi savoir au FN qu'il soutient « la préférence nationale dans le respect d'autrui ». Jacques Limouzy, député RPR du Tarn, se déclare lui « hostile à toutes vérités officielles en matière d'histoire » dans une lettre adressée à Bernard Antony, membre du bureau politique du FN. Déjà, le supplice des proscriptions et des indulgences produit ses effets. Tandis que la gauche se prépare à la victoire, les digues érigées depuis 1988 par Alain Juppé afin d'isoler la droite du FN commencent à rompre.

---

1. NTM, abréviation de Nique Ta Mère, est le nom d'un groupe de rap français, condamné par la justice pour avoir composé et chanté une chanson *Nique la police*. Jacques Toubon, alors ministre de la Justice, demanda au parquet de faire appel de cette décision.

14

La débâcle

Le jeune homme s'est emparé de la télécommande après dix minutes de nouvelles désastreuses. Il a vingt ans. Un calicot discret signale son goût pour « l'élan partagé » de l'alliance RPR-UDF, collé sur la pochette d'un costume rayé qui ne parvient pas à le vieillir.

Ce dimanche 1er juin 1997, devant l'écran géant qui retransmet en direct les soirées électorales des chaînes de télévision, au QG de la majorité, avenue George-V, il zappe frénétiquement. « Monsieur Fabius, vous êtes en direct... » « Je crois que Ségolène a résumé le sentiment qui nous anime tous... » « Dominique Strauss-Kahn, que pouvez-vous dire pour rassurer les marchés... » « C'est l'image de l'honnêteté et le respect des électeurs qui ont gagné ce soir... » Pour la droite, la soirée a tourné au cauchemar. A l'humiliation. Sobrement, Lionel Jospin est apparu pour dire quelques mots : « Il y a toujours un risque à donner la parole au peuple. On la lui a donnée. Il l'a prise et nous avons gagné. Il nous reste à le servir. »

Autour du jeune homme, qui passe frénétiquement

d'une chaîne à l'autre, on cherche désespérément une autre image que celle de la gauche victorieuse. Pour finir, le garçon s'est arrêté sur un feuilleton américain, bourré de blondes et d'athlètes bronzés. Mais les militants autour de lui ont fini par protester : « Remets la Une, ils n'ont pas encore donné les résultats de Juppé. »

« Les imbéciles d'en face »

Les responsables de la droite ont déserté. Qui oserait, un soir pareil, affronter des supporters désolés et des passants narquois ? Seul, le conseiller d'Alain Juppé, Patrick Stefanini, a débarqué vers 21 heures. Battu dans le XVIIIe arrondissement de Paris, il s'est courageusement décidé à répondre aux journalistes curieux de brosser le tableau d'une défaite. Il n'a croisé là que Nicolas Sarkozy, perdu au milieu d'une forêt de caméras.

Sarkozy ? Lui vient jouer une autre partition. Réélu à Neuilly dès le premier tour, il sait depuis plusieurs jours que la « droite est fichue ». Mais, perdu pour perdu, il a calculé qu'il faudra rebâtir sur les décombres du parti après la défaite. Depuis deux ans, il affronte les sifflets des militants et leurs accusations de « trahison ». Venir auprès d'eux, dans ce moment terrible, peut lui permettre de gagner plusieurs mois dans son long parcours de retour en grâce. Sarkozy ne veut pas laisser passer l'occasion. Il n'a sans doute pas tort. Les jeunes gens, accablés, ont fait cercle autour de lui : « Nicolas, Nicolas… »

Cela ne change rien aux résultats. Au soir du second tour, la droite affronte bien l'un de ses plus grands désastres électoraux. Une débâcle à Paris, un effondrement en Ile-de-France, des régions entières qui basculent à gauche, et même une désaffection en… Corrèze. Les triangulaires avec le Front national ont été meurtrières. Près d'une cinquantaine de circonscriptions, classées à droite sur l'échiquier politique, sont passées à gauche grâce au pouvoir de nuisance du parti de Jean-Marie Le Pen. La plupart des hussards du RPR y ont laissé leur peau : Eric Raoult, Frédéric de Saint-Sernin, Pierre Bédier et Jean-François Copé sont défaits.

La majorité a basculé avec 245 sièges pour le PS, 37 au PCF, 29 divers gauche et 8 écologistes. Le RPR, lui, n'a plus que 140 sièges, l'UDF 109. Même avec les 7 divers droite et Philippe de Villiers, unique élu de son mouvement, la droite est loin de ses scores de 1993.

L'alliance PS-PC-Verts, imaginée par Lionel Jospin, a donné de formidables résultats. Mais c'est encore le rejet de la droite qui est le plus frappant. Sept ministres ont été battus, seize autres élus sans gloire. Julien Dray qui, à la tête de la gauche socialiste, observe avec attention les mouvements du pays, a établi d'emblée son analyse : « Ce n'est pas nous qui avons gagné. Ce sont les imbéciles d'en face qui ont perdu. » Et les « imbéciles d'en face » n'en finissent pas de renouer avec leur vieille hantise : ils sont de nouveau « la droite la plus bête du monde ».

« Tiberi, en prison ! »

A l'Elysée, le président a su à quoi s'en tenir dès 18 h 30. C'est une révolte ? Non sire, c'est une dissolution complètement ratée ! Les sondages « sorties des urnes » lui ont montré sa défaite. Mais il l'avait déjà vue s'inscrire dans les résultats du premier tour. Lorsqu'on lui a rapporté avec certitude que sa majorité était perdue, il n'a eu qu'un soupir.

Fatalisme de mauvais aloi. Car, un peu partout en France, les candidats de droite balayés par l'adversaire se défaussent déjà : « Vous croyez qu'il est facile de faire campagne avec Juppé comme général et Tiberi comme capitaine ? Nos électeurs ne supportent ni l'un ni l'autre ! »

Ils n'ont pas tort. Si plus de deux cents anciens députés ne pardonnent pas à Chirac de les avoir entraînés dans un tel naufrage, beaucoup de dirigeants RPR se reprochent surtout de ne pas avoir réclamé un coup de balai salutaire, notamment à la mairie de Paris.

Car Jean Tiberi peut bien avoir sauvé sa peau dans les Ve et VIe arrondissements de Paris, il est clair qu'il continue de cristalliser une grande part du rejet de la droite. Ce soir d'élections, malgré le zapping frénétique du jeune homme horrifié, les militants ont pu voir les images des premières manifestations accueillant la victoire de la gauche. Sur la place du Panthéon, où vivent Jean et Xavière, comme devant la Maison de l'Amérique latine, où le PS s'apprête à fêter ses résultats, des groupes de jeunes gens se sont mis à crier à l'unisson : « Tiberi, en prison ! Tiberi, en prison ! » Déjà Lionel

Jospin confie qu'il aurait dû convaincre Jacques Delors de se présenter contre le maire de Paris. « On l'aurait battu sans problème. »

Il y a une semaine, pourtant…

Qui aurait pu imaginer un tel retournement de situation ? Il y a encore quelques jours, personne à droite n'imaginait pareille catastrophe. Et surtout pas Matignon.

Juste avant le premier tour, quelques spécialistes ont bien confirmé que les sondages se resserraient. On leur a presque ri au nez. Autour d'Alain Juppé, en cette fin du mois de mai, personne n'a préparé le moindre carton de documents et de dossiers, chacun étant convaincu que la majorité allait gagner et que le premier ministre serait reconduit. « Ce n'était pas de l'arrogance, dit aujourd'hui Agathe Sanson comme une excuse. On croyait avoir raison… »

Le week-end même du premier tour, Dominique de Villepin et Maurice Gourdault-Montagne ont travaillé une partie de la journée sur… le prochain discours d'investiture d'Alain Juppé. Sans s'apercevoir que la ligne définie par le premier ministre suscitait de plus en plus le scepticisme. Le chef du gouvernement lui-même affichait une assurance déroutante. « Ce ne sera ni la rupture, ni la continuité », a asséné Juppé aux journalistes qui l'interrogeaient sur la politique de la France lors de la deuxième partie du septennat. Et lorsqu'on lui a fait valoir que ce « ni rupture, ni continuité » aboutissait forcément à l'impasse, il a haussé les épaules et tourné le dos.

Etaient-ils tous aveugles ? En fait, depuis déjà trois semaines, plusieurs leaders de la majorité ont mis en garde Matignon contre certains dérapages. François Léotard, d'abord, a expliqué que la cellule de campagne dirigé par Dominique de Villepin fonctionnait de façon inadmissible. « C'est une secte », a-t-il lancé furieux devant Alain Juppé. On l'a à peine écouté. Nicolas Sarkozy, ensuite, a fait valoir qu'il faudrait répondre aux aspirations de Français qui veulent avant tout le changement. « Ecoute Alain, a-t-il tenté d'expliquer, moi je sais ce que c'est que de perdre avec un bon bilan. Tu ne peux pas t'en tenir aux résultats de ton gouvernement. Personne n'y croit. » Juppé a eu un haut-le-corps : « Toi aussi, tu voudrais que je fasse de la démagogie ! »

Quelques jeunes députés, enfin, ont fait valoir qu'il faudrait peut-être « mieux communiquer ». Mais l'équipe du premier ministre a avoué, navrée, qu'Alain ne voulait plus répondre à aucun journaliste. La presse le suit, le filme, retransmet ses propos. Elle ne peut déjà plus lui parler.

Claude et Pilhan à l'assaut

En fait, le premier ministre n'a déchanté qu'au soir du premier tour. Ce 25 mai, vers 19 heures, lors de la réunion qui rassemble à Matignon les leaders UDF et RPR, Alain Juppé est apparu assommé. Incapable d'articuler trois phrases de suite. A l'Elysée, on n'a pas été moins accablé. Car les experts électoraux ont fait tourner leurs ordinateurs et le résultat final des élections paraît déjà très compromis.

Le lendemain du premier tour, dès 8 heures du matin, Jacques Pilhan et Claude Chirac sont donc montés au créneau. Cela fait des mois qu'ils plaident pour que le président se protège en faisant sauter son premier ministre-fusible. Une fois encore, Dominique de Villepin s'est interposé. Mais cette fois, Villepin ne peut plus rien. « Le premier tour a tourné au référendum pour ou contre Juppé », a d'abord énoncé Pilhan. Avant de conseiller franchement : « Jacques, la seule façon que vous ayez de reprendre la main est de le démissionner. Afin de sauver ce qui peut encore l'être. »

On peut aimer un compagnon et ne pas vouloir sombrer avec lui. Malgré toute l'affection pour le fils, la confiance pour le collaborateur, la décision a été prise en une heure. « C'est bien du Chirac, assure Nicolas Sarkozy qui connaît le personnage, il conserve jusqu'au bout ses collaborateurs, il les défend contre les attaques et puis d'un coup, il s'en débarrasse lorsque c'est de sa survie qu'il s'agit. »

Il ne faut pas négliger la déchirure que représente cette éviction. C'est une déchirure affective et politique. Car Chirac ne se sépare pas seulement d'un premier ministre, d'un ami, d'un fidèle. Il se sépare d'un bouclier. Juppé est la pièce maîtresse de son pouvoir. L'écarter, c'est avouer sa faiblesse. Le sacrifier, c'est se condamner à la solitude. Déjà, la veille, au soir même du premier tour, Alain Juppé est venu de lui-même évoquer son départ devant le président. Mais celui-ci a balayé la solution d'un revers de main. Repoussant encore un peu une décision qui, en condamnant son premier ministre, le punit aussi lui-même.

Le sacrifice d'Alain Juppé

C'est parce qu'il vu le président tergiverser la veille que, ce lundi 26 mai, Alain Juppé reçoit la nouvelle de son renvoi comme un choc. Son retrait paraissait évident pour tout le monde. Pas pour lui. Il a tellement vu Chirac le maintenir contre vents et marées, malgré les grèves qui paralysaient le pays, malgré les leaders de la majorité qui l'éreintaient, malgré les sondages qui le condamnaient, que sa démission est finalement devenue une hypothèse virtuelle.

Lorsqu'il apprend la résolution présidentielle, sa première réaction est physique. Le premier ministre sacrifié est livide. Autour de lui, plusieurs de ses conseillers se mettent à… pleurer. Oui, pleurer. Ces hommes et ces femmes, autrefois dénoncés pour leur arrogance, affichent soudain leur compassion autant que leur amertume.

Toute la matinée, Chirac a téléphoné aux leaders de la majorité pour les informer de sa décision. Aux remplaçants potentiels, curieusement, il n'a pas laissé grand espoir. Edouard Balladur, après dix minutes de conversation, a raccroché en soupirant : « Je crois qu'il ne m'appellera à Matignon qu'en toute dernière extrémité. » A Alain Madelin, il a demandé de mettre toute son énergie dans la campagne. Mais sans rien promettre en retour. De Charles Pasqua, Chirac a seulement exigé qu'il parle enfin. Face à Séguin, il a joué l'ambiguïté. « Philippe » a reçu pour mission de remettre en route son attelage de 1995 avec Madelin. Car cette deuxième manche se jouera avec lui.

A 17 heures, ce lundi 26 mai 1997 au QG de l'avenue George-V, Alain Juppé est venu annoncer d'une voix blanche sa démission. « Pour réussir une nouvelle étape, il faut une équipe nouvelle animée par un nouveau premier ministre. Quant à moi, je mènerai jusqu'au bout le combat, après quoi j'estimerai bien sûr que ma tâche a été accomplie. » Autour de lui, Nicolas Sarkozy, François Léotard, Simone Veil et Alain Madelin ont aussitôt répondu par un tonnerre d'applaudissements soulagés. François Bayrou, tout à son souci de sauver les derniers meubles, a bien proposé avec enthousiasme : « Il faut utiliser l'impact affectif de ta décision ! Nous devons positiver l'annonce de ta démission ! » Il a dû interrompre sa démonstration, rappelé à l'ordre par quinze regards consternés. Il n'empêche, Bayrou résume le sentiment général. Le soir même, il n'y a plus qu'un concert de louanges dans la majorité. « Quel courage ! », « quelle lucidité ! », « quel homme ! ». Même Philippe Séguin a prononcé l'éloge funèbre de son rival. Déjà, on célèbre ce sacrifice qui permettra à la droite de se sauver.

A gauche, on regarde avec surprise et commisération cet adversaire capable de jouer sans sourciller un tel vaudeville. Laurent Fabius, qui passait au QG socialiste, n'a eu qu'un mot pour caractériser ce soir-là : « Quel bal de faux culs ! »

Chirac ne veut pas de successeur à Juppé

Fabius n'a encore rien vu. Car cet entre-deux-tours est presque aussi désastreux que le début de la campagne. Les socialistes n'ont plus rien à faire, tant la droite fait propagande contre elle-même. Jacques Séguéla, qui signe son retour au premier plan en jouant le metteur en scène de la campagne de Lionel Jospin, a déjà théorisé la chose : « Le maître mot de cette campagne est le respect. La considération que les hommes politiques doivent à leurs électeurs. » Or, il est clair que, dans la panique, l'alliance RPR-UDF n'est plus consciente de l'effet qu'elle peut donner.

François Bayrou, toujours aussi réaliste, a compris d'emblée : « Une armée qui gagne avec un général limogé, cela ne s'est jamais vu », a-t-il diagnostiqué. Et il a… disparu dans sa circonscription conscient que, désormais, c'est du chacun pour soi.

A l'Elysée, dès le lendemain du premier tour, on s'est replié entre experts. L'atmosphère est épouvantable. Dominique de Villepin voit des traîtres partout. Lors d'une réunion stratégique, il a refusé l'entrée à deux des conseillers du président, Jean-Pierre Denis et Christine Albanel, au motif qu'ils n'étaient pas « politiquement sûrs ». Se voulant toujours capitaine de l'équipe, il ne cesse de railler Philippe Séguin et Alain Madelin, qu'il méprise. Mais lorsque le président est là, il trouve toujours son secrétaire général pour assurer que les Français ont eu besoin « d'une émotion forte, mais qu'un mauvais premier tour en provoque un second bien meilleur ».

En fait, Villepin est trop intelligent pour poursuivre, sans autorisation implicite du président, une bataille aussi brutale contre les leaders même de la droite. Car s'il n'a pas renoncé à voir Juppé mener la campagne, s'il ose contester si ouvertement le leadership du tandem Séguin-Madelin lancé sur les routes cahotiques du second tour, c'est qu'il sait bien que le président est aussi sur cette ligne. Au fond Lionel Jospin, qui goûte assez la psychologie humaine, a vite compris le secret qui étreint le palais de l'Elysée : Chirac n'a aucune envie de nommer, à droite, un successeur à Juppé. Autour de lui, il ne voit plus que des rivaux en puissance.

Le leader socialiste l'a immédiatement pressenti, lorsqu'il a vu à la télévision le couple de la campagne chiraquienne de 1995 se reformer sur les estrades. Madelin-Séguin ? « Quel attelage baroque », a laissé échapper Jospin dans une de ces formules bien trouvées qui font sa force. Et c'est vrai que ces deux hommes, le libéral et l'étatiste, l'européen et l'anti-maastrichtien, n'ont rien à faire ensemble. Ils peuvent bien se donner en meeting du « cher Philippe » et du « cher Alain », les Français ne croient plus à la cohérence de leur équipe. Comment le pourraient-ils alors que Chirac lui-même, après avoir gagné la présidentielle grâce à eux, les a laissés ensuite sur le bord du chemin ?

Philippe Séguin, qui sent bien que Chirac lui refuse au fond tout adoubement, joue désormais pour son propre plaisir. Croit-il encore aux chances de la majorité ? Plus vraiment. Mais il sait qu'il peut mettre le président à la torture. Dans un meeting à Epinal, le 29 mai, il a eu le front de se poser en garant des idéaux de 1995. « Nous devons montrer que nous n'avons rien oublié, ni renié, a-t-il lancé avant d'affirmer : une chose est certaine : quelle que soit l'issue du second tour, je ne renierai rien de mes idéaux, de mes convictions, de mes combats. » Chirac à qui on a rapporté le discours a déjà vu se profiler un premier ministre coriace dont, au fond, il ne veut pas. Séguin le sait. Il s'en félicite presque. Lorsqu'on lui demande où en sont ses rapports avec le président, il n'a qu'un sourire amer : « Il est coincé, mais il l'a cherché. »

Au Parti socialiste, Claude Allègre a fait la même analyse. Voyant le peu de soutien que l'Elysée accorde à Séguin, écoutant le discours du président qui prépare la cohabitation, il a aussitôt assuré à Lionel Jospin : « Avec toi à Matignon, Chirac sait qu'il restera président. Il n'en est pas certain avec Séguin. Tu penses bien qu'il a donc déjà fait son choix... »

« Il paie le mensonge de 1995 »

Ce soir du second tour, le 1er juin 1997, lorsque le RPR et l'UDF constatent leur débâcle, ce sont deux années de trahison, d'amertume, de reniements et d'alliances contre nature qui remontent à la surface. Revenir à la cohabitation après deux ans de pouvoir à peine !

Les balladuriens, surtout, voient avec un mélange de satisfaction et de désespoir leur diagnostic se réaliser. « La droite n'a pas été assez à droite », a analysé Nicolas Sarkozy devant les scores du Front national. Mais Edouard Balladur a aussitôt personnalisé l'échec. « Chirac paie le mensonge de 1995 », a-t-il confié à ses proches. A-t-il eu soudain le souvenir de cette autre campagne où, adoptant un ton lénifiant et sans aucun attrait pour les électeurs, il s'était laissé rattraper, puis doubler par un Chirac que l'on disait mort six mois plus tôt ? Et ce Chirac-là, survivant, miraculé, promettait tout et n'importe quoi, du libéralisme, du social, des pommes et des emplois.

Le maire de Lyon, Raymond Barre, a livré sa sentence au bout de quelques heures. « Jacques Chirac s'est engagé plusieurs fois dans la campagne, je ne l'en blâme pas, mais il doit maintenant payer le prix de l'échec. » Barre n'a jamais pardonné à Chirac les coups tordus de la présidentielle de 1988 où le candidat RPR n'avait eu de cesse que de l'éliminer du second tour. La vengeance est un plat qui se mange froid.

René Monory, qui avait si fort poussé en faveur de la dissolution, s'est fait plus discret. Mais en observant les scores des adversaires de la droite, il s'est laissé aller à évoquer un faible espoir : « Qu'y a-t-il maintenant entre le FN et le PS ? Le Sénat peut-être… »

Enfin Philippe Séguin, lui, n'a tiré qu'une conclusion. Celle qui satisfait le plus son orgueil et préserve son avenir : « Chirac a perdu parce qu'il n'a pas voulu me faire confiance. »

A l'Elysée, Chirac persiste à expliquer à ses visiteurs comme aux journalistes : « Il fallait dissoudre. La représentation nationale ne correspondait plus à la réalité politique du pays. Il y avait des risques d'explosion sociale. J'ai voulu redonner la parole au peuple. » Le peuple ne lui a pas dit merci.

Villepin, sublime bouc émissaire

Toute victoire a ses héros. Toute déroute doit avoir ses boucs émissaires. Pierre Mazeaud a été le premier à les désigner publiquement, au lendemain de cette débâcle : « Le président doit s'interroger sur ses collaborateurs qui l'ont poussé à dissoudre, à prendre une décision contraire à l'esprit de la Constitution. » Et tout le monde a immédiatement compris qu'il s'agissait de Dominique de Villepin.

Villepin, voilà l'homme à abattre. Il y a encore quelques mois, on le trouvait beau, intelligent, poète. On le juge désormais « autoritaire », « exalté », « coupé des réalités ». A 42 ans, le secrétaire général de l'Elysée n'a plus que des adversaires. Et ceux-là voient leur heure arriver. Dès le lendemain du second tour, c'est donc un déchaînement contre lui. Déjà, on le donne renvoyé, voué aux gémonies.

La rumeur a eu tôt fait de mettre en scène son désaveu sous les traits de Bernadette. On affirme à voix basse que l'épouse du président serait entrée, au soir du second tour, dans le bureau du beau conseiller. « Vous êtes encore là, vous... », aurait-elle seulement lâché. Autant dire qu'on le voit banni...

Depuis vingt ans, les fidèles chiraquiens évincés par les conseillers ont toujours cru en l'intuition de Bernadette Chirac. N'a-t-elle pas, en son temps, fait renvoyer Marie-France Garaud dont elle jugeait l'influence néfaste ? Marie-France paraissait toute-puissante. Mais ce jour-là, l'épouse exaspérée a placé l'enjeu à un niveau imparable : « C'est elle ou moi. » Peut-elle rééditer l'exploit ?

Déjà, on rappelle le surnom que Bernadette a donné à Villepin : « Néron », elle l'appelle « Néron ». Comment survivre avec un tel handicap ?

Pendant vingt-quatre heures, malgré les circonstances, le petit monde des chiraquiens blessés savoure sa revanche. Pour un peu, on sablerait presque le champagne devant « la seule bonne nouvelle de cette élection». On en est désormais sûr, dès le lendemain du second tour, Villepin a présenté sa démission. Pour faire bon poids, dans le lot des revanches, on a ajouté au nombre supposé des départs celui de Jacques Pilhan.

Mais Chirac ne peut accepter ces démissions en pleine catastrophe. Inutile d'ajouter encore à la débâcle et à la solitude. Le chef de l'Etat a encore trop besoin d'hommes de confiance pour sauver les derniers restes de son pouvoir.

Un seul fidèle, pourtant, a osé écrire, deux jours de suite dans *Le Monde*, sa « chronique d'un désenchantement ». Denis Tillinac, le voisin corrézien, l'ami chiraquien, y décrit avec cruauté ces deux premières années de septennat qui ont viré au drame. Mais le président en a-t-il seulement pris connaissance, lui qui assure ne pas lire les journaux ?

Ne pas pardonner à Edouard
Ne pas revoir Nicolas

La chose est connue : les pires ennemis se cachent souvent au sein de la famille. Le président le sait. Il a trop vu les couteaux s'aiguiser dans son entourage, pendant trente ans, pour avoir conservé l'angélisme de ses débuts. S'il a perdu son emprise sur Matignon, il n'est pas dit qu'il doive perdre aussi le RPR. Son RPR. Le mouvement qu'il a lui-même fondé. Sa création. Son rempart.

Lorsqu'il reçoit, le lendemain du second tour, Alain Juppé, le président croit donc encore que le duo qu'il forme avec son ex-premier ministre pourra perdurer d'une autre façon. Dans la cohabitation, le président aura besoin d'un parti d'opposition fidèle. Dans son esprit, Juppé tiendra une nouvelle fois le rôle du fils qui jamais ne trahit. L'autre, Philippe Séguin, celui qui considère que le vrai, le seul père reste de Gaulle, n'aura rien.

C'est ce que veut Chirac. Il peut bien avoir tenu jusqu'au bout les rênes d'un attelage contesté avec Alain Juppé, il veut poursuivre encore. Il peut avoir fait monter au créneau Séguin, comme en 1995, pour gagner quelques voix supplémentaires entre les deux tours, il n'a qu'une idée : le lâcher maintenant en rase campagne. La seule règle qu'il s'impose est de ne jamais faire confiance à Philippe. Ne jamais pardonner à Edouard. Et, plus que tout, ne jamais revoir Nicolas.

Alain Juppé lui-même en est resté paralysé. Se peut-il que le président souhaite encore l'entraîner dans une nouvelle bataille qu'il sait, pour sa part, déjà perdue ? Oui. Chirac veut la guerre. Il ne sait plus faire que la guerre. Assiégé à l'Elysée par une gauche qui s'apprête tranquillement à cohabiter, il se voit déjà contesté par ses propres alliés. Et cette vision lui est insupportable.

Juppé est trop intelligent pour n'avoir pas compris de lui-même qu'il est désormais contraint d'ouvrir la direction d'un RPR qu'il a mené à l'échec. On lui a rapporté la visite de Nicolas Sarkozy au QG, le soir de la défaite. Il a entendu Edouard Balladur appeler à la rénovation. Et il a bien dû se rendre à l'évidence que, pendant toute la campagne, la conduite des balladuriens a été irréprochable. Alors, face à Chirac, Alain Juppé propose l'alliance avec les balladuriens.

« C'est non. » La réponse est tombée comme un couperet. Nette. Immédiate. Jamais le président n'acceptera que Sarkozy, « le traître », remplace au secrétariat général du mouvement Jean-François Mancel, que Juppé a démissionné sans égard le soir même de sa défaite dans l'Oise. Il considère d'ailleurs que « la moitié des secrétaires de fédération démissionneraient du mouvement si on leur imposait Sarko ». Devant un tel refus, Juppé a bien tenté de proposer Dominique Perben, croyant tenir là une solution acceptable. C'est non encore. Perben a choisi Balladur en 1995.

Faut-il garder de la rancœur pour imaginer ce qui va causer leur perte ? Il faut en tout cas conserver une blessure profonde au souvenir du passé. Tout à son amertume, Chirac envoie donc Juppé à la catastrophe. « Alain, vous garderez la présidence du mouvement. assène Chirac. Jean-Louis (Debré) prendra le secrétariat général. Nous tiendrons comme cela au moins jusqu'à la rentrée. » Le président a fait valoir que lui aussi, après son échec à la présidentielle de 1988, on avait tenté de le débarquer. Mais qui ambitionne la présidentielle ne doit jamais laisser échapper le parti. En plaçant un autre fidèle, Bernard Pons, à la tête du groupe RPR à l'Assemblée, Chirac croit pouvoir tout verrouiller. Juppé, lui, n'y croit qu'à moitié.

« La guerre au couteau » du RPR

Se peut-il que le président n'ait toujours rien compris à la fronde qui se propage hors des murs de son palais ? S'il n'a pas réalisé, les compagnons du RPR se chargent de lui rappeler la vérité dès le matin du mardi

3 juin. Alain Juppé, qui est venu à l'Assemblée, faussement décontracté, afin de s'inscrire comme député, se heurte à des parlementaire gaullistes fous furieux. Le matin même, *L'Est républicain* a publié une interview de Séguin qui prédit : « Ce sera une lutte au couteau. » Et effectivement, sur les députés rescapés de cette tuerie électorale, seuls 6 ont déclaré soutenir encore Alain Juppé. Les autres, tous les autres, appellent au « renouvellement » de la direction du RPR. C'est-à-dire à son départ.

A l'Elysée, les nouvelles que l'on reçoit sont alarmantes. François Baroin, l'enfant chéri, s'en est allé en reconnaissance à l'hôtel de Lassay, assister à la réunion que tenaient les séguinistes. Il venait réclamer que l'on « préserve avant tout le président ». Il est reparti atterré. Les amis de Séguin le poussent à la bagarre. « Il faut que tu prennes la présidence du RPR tout de suite. Et si on te la refuse, il faut fonder enfin ton propre mouvement. »

Acculé, Chirac se résout enfin de changer la tactique. Mais il refuse de modifier profondément la stratégie. « Alain a su dès ce moment-là qu'il ne pourrait pas conserver la présidence du mouvement, assure aujourd'hui sa conseillère Agathe Sanson. Mais Chirac voulait absolument gagner du temps. Alors Juppé s'est incliné. » Dans l'esprit du président, il s'agit seulement de proposer la présidence du groupe des députés RPR à Séguin. Juppé, lui, se charge de nommer Sarkozy à la présidence d'un « comité de réflexion sur l'avenir de l'opposition ». Mais le tandem Chirac-Juppé ne contrôle déjà plus grand-chose.

D'un regard furibard, Séguin a envoyé le président promener. « Tu me proposes la présidence du groupe après l'avoir proposée à Pons ! Merci bien. » Sarkozy a été aussi expéditif : « Nommer l'abruti (comprendre Jean-Louis Debré) au secrétariat général du mouvement et moi à un comité théodule ? Un mot de plus dans ce genre et la rupture sera irréversible. »

Effectivement, la rupture est consommée. Séguin peut bien raconter, rigolard, que pour la première fois, Juppé l'a raccompagné jusqu'à sa voiture. Le président et son ancien premier ministre ne paraissent toujours pas comprendre que les rapports de force ont changé.

Mais les gaullistes ont décidé d'aller au bout de ce grand lynchage d'Alain Juppé. Les uns après les autres, ils y vont maintenant de leur communiqué à l'AFP : « Philippe Séguin est le seul capable de nous rassembler. » Plus de la moitié des 134 députés se sont déjà ralliés.

« La bête résiste. Il va falloir l'achever »

Ce mardi 3 juin 1997, vers 15 heures, pour la première fois, Alain Juppé est décidé à résister à la volonté suicidaire du président. Chirac a téléphoné pour l'inciter à tenir face à l'assaut mené par Séguin, mais Juppé laisse enfin paraître qu'il n'y croit plus. « Je ne peux pas nommer Debré, les balladuriens en font un casus belli… », plaide-t-il. Le président, comme il le fait souvent dans les situations délicates, fait semblant de ne pas comprendre :

— Mais non, Alain, il n'y aura pas de problème.

— Je suis déjà écorché vif. Bientôt, il n'y aura plus que mon squelette.

— Allons, tenez bon. Je connais Philippe. Il flanchera. Il n'ira pas jusqu'au bout.

— Vous ne vous rendez pas compte du rejet dont je fais l'objet…

Est-ce par lassitude ou par dernier sursaut de fidélité, Juppé convoque la presse pour 18 heures, rue de Lille, au siège du RPR. Il y débarque, entouré de sa garde rapprochée : Patrick Stefanini, Jérôme Bignon, Jean-Jacques de Peretti. Tous battus aux élections. Tendu, il annonce la nomination de Debré au secrétariat général. Mais gardant un reste de lucidité, il ne le nomme qu'à titre « temporaire » et annonce la convocation des assises du mouvement en septembre « afin d'élire un président ».

Dans les couloirs désertés du RPR, son chef de cabinet, Maurice Gourdault-Montagne, est resté. Face à deux ou trois journalistes que le sort d'Alain Juppé intéresse encore. Le discours se veut offensif : « Alain Juppé fera campagne dans les fédérations cet été, dit-il. Et il verra à la rentrée s'il se présente à la présidence du mouvement. » Le coup ne porte guère. Gourdault apparaît déjà comme un homme qui ferraille davantage pour la beauté du geste que par conviction.

Les séguinistes ont pourtant appris la nouvelle avec fureur. « La bête résiste. Il va falloir l'achever. » Jusque-là, Philippe Séguin a toujours paru hésiter entre la tentation de la prise de pouvoir et la loyauté envers le chef de l'Etat. Or, le dernier épisode a achevé de l'exaspérer. Il ne supporte plus cette façon humiliante qu'à Chirac de le repousser. « Ma parole, on dirait qu'il a plus peur de moi que de Jospin », a-t-il lâché avec amertume. Lorsque Sarkozy lui propose une alliance, il l'accepte donc sans sourciller.

Il n'y a pourtant pas grand-chose entre Séguin et les balladuriens. L'un est étatiste et anti-maastrichtien. Les autres se disent libéraux et poussent à la monnaie unique. Mais ils ont un objectif commun : renverser Juppé et se répartir les dépouilles du RPR. En quarante-huit heures, le roi se retrouve nu. L'Elysée peut bien publier un communiqué assurant que « le président n'intervient en rien dans les affaires internes des formations », chacun sait que l'Elysée ment. Chacun sait aussi que cette intervention n'a servi à rien. Chirac se prépare à subir deux cohabitations. L'une face à Lionel Jospin. L'autre avec Philippe Séguin.

15

Face à face

Ils se connaissent peu. Cela ne les a pas empêchés de se forger, chacun de son côté, une médiocre opinion de l'autre. En politique, on peut vivre vingt ans sur un malentendu. Et ces deux-là, depuis vingt ans, s'ignorent. Se mésestiment plutôt. Jacques Chirac n'a jamais considéré Lionel Jospin autrement que comme un homme d'appareil, une catégorie politique qu'il exècre. Jospin, lui, est plus sévère encore. Chirac ? « Un homme de coups et d'à-coups. » Un leader « cynique et sans principes, irrationnel et impulsif ». Et pour finir, « un piètre chef d'Etat ». Aussi affichent-ils un sourire mi-figue mi-raisin lorsqu'ils se retrouvent, au mois de juin 1997, dans l'obligation de cohabiter…

L'histoire politique adore placer côte à côte des hommes qui se lançaient, il y a une heure encore, des noms d'oiseaux. Chirac lui-même expérimenta le genre plusieurs fois. Mais son souvenir le plus cuisant date de 1986. Là, après cinq années d'opposition et une campagne cinglante contre le président socialiste, il se retrouva brutalement face à François Mitterrand qui l'attendait déjà avec un regard de tueur… On connaît la suite. Deux années de guets-apens et de pièges en tout genre qui le laissèrent pour mort.

Avec Lionel Jospin, les choses sont bien différentes. D'abord parce le premier ministre n'a pas la personnalité rouée et perverse d'un Mitterrand. Cela ne l'empêche aucunement d'être habile. Mais avec un tel partenaire, Chirac court moins le risque de subir les coups de billard à trois bandes. Chirac, de son côté, ne rechignera pas à quelques coups politiques s'il en a les moyens.

Le plus intéressant reste encore le contraste de leurs personnalités et de leurs histoires. Cinq années les séparent, mais ils appartiennent à deux mondes qui ne se sont que rarement rencontrés.

Chirac est le fils unique d'un couple de bourgeois de Corrèze montés à Paris. Une mère trop aimante a longtemps couvé ce garçon qui venait dix ans après une petite fille, Jacqueline, morte de bronchopneumonie. Plus tard, maman Chirac, émerveillée, en était encore à dire à sa belle-fille : « Avec le physique qu'il a, il pourrait faire une carrière à la Cary Grant ou à la Clark Gable ! »

Madame Jospin, elle, était sage-femme et son mari enseignant. Leurs quatre enfants, Lionel, Noëlle, Agnès et Olivier, jouaient aux Indiens, pendant les vacances, sur la plage de Villers-sur-Mer. On s'est beaucoup aimé et on s'aime encore dans la famille. Des quatre enfants, deux sont devenus célèbres : Lionel et Noëlle Châtelet, sa sœur écrivain.

A 22 ans, Jacques a eu un coup de cœur pour l'aventure militaire. Appelé à faire son service, il a suivi les cours des élèves officiers de Saumur avant d'atterrir en 1956 en Algérie. Là, il a découvert la guerre, mais affirme n'en avoir gardé que le goût du risque et du commandement. Acharné de l'Algérie française, il est rentré dans le rang républicain, le 24 janvier 1960, en voyant les pieds-noirs dresser leurs barricades.

Lionel, de quatre ans son cadet, débutait à peine, en 1956, ses études supérieures. Mais contrairement à son aîné, il a bientôt milité contre la guerre et pour l'indépendance de l'Algérie. Le colonialisme le révolte, il s'intéresse déjà aux problèmes du tiers monde. Par chance, il n'effectuera son service militaire qu'en 1962.

Chez les Chirac, la famille est une institution. Quels que soient les aléas de la vie, on doit toujours préserver les apparences. Jacques a épousé une Chodron de Courcel, et il est clair que son mariage se doit d'afficher une solidité à toute épreuve. Seul accroc à l'image d'Epinal, Claude, sa fille, a choisi de vivre sa vie comme bien des jeunes femmes de son âge. Après avoir perdu son mari, Philippe Habert, mort en 1993, la cadette des Chirac ne s'est pas remariée mais elle a eu un enfant, Martin. Les Chodron peuvent bien lever les yeux au ciel, Jacques et Bernadette sont ravis de ce premier petit-fils présidentiel.

La famille Jospin, elle, a évolué comme le reste de la société française. Un premier mariage avec Elisabeth a donné à Lionel deux enfants, Hugo et Eva. Mais en 1993, il a dû se résoudre douloureusement à la séparation. Depuis, il s'est remarié avec Sylviane, elle aussi divorcée. Dans le jargon des sociologues, on appelle cela une famille recomposée. Un bon tiers des Français appartiennent à cette catégorie.

Un point commun, tout de même : Chirac et Jospin ont fait Sciences Po puis l'Ena. Et tous deux, menacés par l'ennui profond d'une vie de hauts fonctionnaires, ont opté pour la politique à la trentaine.

Pour le reste, l'un est sensuel quand l'autre est rigoureux. L'un s'entoure sans cesse de conseillers et, pire, affiche une ferme tendance à adopter leurs avis. L'autre est secret, soucieux de son indépendance. Et si son ami Claude Allègre peut se vanter de soupeser avec lui le pour et le contre, il n'est jamais certain, pour finir, d'être suivi par « Lionel ». L'un est pressé, l'autre ne voudrait pouvoir vivre que selon son propre calendrier. L'un goûte les franches plaisanteries qu'il accueille d'un rire paillard. L'autre a un humour plus subtil et sophistiqué, mais peut rire comme un enfant devant sa victoire.

Chirac a embrassé bien des idées différentes : contre l'Europe puis pour l'Europe, travailliste à la française puis libéral à la Reagan, séguiniste et madeliniste en même temps. Pour finir, certains de ses adversaires assurent qu'à force d'avoir fait une campagne de gauche pour gagner la présidentielle, il a réussi à ramener la gauche au pouvoir. Jospin, lui, a suivi les évolutions de son temps mais a conservé les mêmes convictions, solidement ancrées. Cela ne l'a pas empêché de mener de rudes batailles à l'intérieur de son camp. Contre les rocardiens, contre les chevènementistes et contre les communistes. Seul son mitterrandisme des débuts l'a quitté. S'ils parlent ensemble de l'ancien président, on peut gager que c'est Chirac qui sera le plus élogieux.

Fait-on un couple avec tout cela ? Il faudra bien. Au

début tout au moins. Car les circonstances et les hasards de l'histoire vont les ballotter comme un fleuve charrie les cailloux. Tous les ingrédients y sont. Des communistes embarrassés de participer au pouvoir, un Philippe Séguin décidé à exister pour lui-même, des écologistes soucieux de monnayer leur influence, un François Bayrou ambitieux pour son avenir présidentiel. On pourrait ajouter, pour faire bon poids, une série de noms pêle-mêle : Le Pen, Madelin, Sarkozy, Fabius, Balladur ou encore Pasqua. Mais aussi Europe, chômage, croissance. Pour cette troisième cohabitation en dix ans, ces hommes et ces réalités jouent déjà chacun leur rôle. L'histoire, quant à elle, se charge des imprévus.

ANNEXE

Les hommes et les femmes qui ont fait cette histoire

LES PROCHES DU PRÉSIDENT

BERNADETTE CHIRAC — 64 ANS

De la première dame de France, les caricatures ne retiennent qu'un visage un peu sec et un sac à main. C'est mal connaître sa personnalité et son influence. Car Bernadette Chirac a aussi un esprit politique. Diplômée de Sciences Po, titulaire d'une maîtrise en archéologie, elle est élue conseillère municipale de Sarran, en Corrèze, depuis 1971 et conseillère générale depuis 1979. Elle a toujours observé sans indulgence la comédie du pouvoir. Agacée parfois de la discrétion que lui impose sa fille Claude, elle use de son ironie et de son humour pour tracer des portraits acérés des collaborateurs de son mari. Son excellente mémoire et une tendance assumée à la rancune en font une ennemie acharnée des adversaires du président. Les spécialistes en Chiraquie assurent que tout collaborateur ayant le malheur de déplaire à Bernadette voit ses jours à l'Elysée comptés.

CLAUDE CHIRAC — 34 ANS

Elle est le rempart, la collaboratrice de confiance, la conseillère de son père. La seule dont Jacques Chirac n'ait jamais craint la trahison. C'est elle qui imagina en 1995 cette campagne de proximité qui fit le succès de Chirac. Au-delà de la victoire, elle est très vite devenue l'un des personnages clés de l'Elysée. La meilleure façon de faire aboutir une requête est encore de passer par elle. Chargée notamment des apparitions médiatiques du président, elle privilégie largement la télévision et milite pour faire interviewer Chirac par des animateurs appréciés des jeunes plutôt que par des journalistes spécialisés. En 1996, elle a donné au président son premier petit-fils, Martin, dont le père est le champion de judo Thierry Rey.

JACQUES PILHAN — 52 ANS

Conseiller en image du président Mitterrand, cet ancien maoïste reconverti dans la publicité via l'agence RSCG s'est spectaculairement imposé auprès de son successeur. Surnommé « la cartomancienne » par Philippe Séguin, le « gourou » par la presse, ce Bordelais d'origine compte de nombreux adversaires dans l'entourage du président et au sein du RPR. Après la défaite de la droite aux législatives, on lui a notamment reproché d'avoir amené le président à la cohabitation avec des socialistes qu'il avait longtemps conseillés. Son principal atout ? Son talent fascine Claude Chirac.

JEAN-LOUIS DEBRÉ — 53 ANS

Catapulté au ministère de l'Intérieur au lendemain de la présidentielle de 1995, Jean-Louis Debré n'a pas eu la vie facile place Beauvau. Accueilli par la vague d'attentats meurtriers qui a secoué la France dès l'été 1995, il s'est plaint de pas être soutenu à 100 % par le gouvernement. Y compris sur son projet de loi sur l'immigration, très attendu pensait-il par les électeurs de droite. Battu de façon spectaculaire à Paris lors des municipales de 1995, il est depuis revenu dans sa circonscription de l'Eure. Après la défaite de la droite aux législatives, il a tenu, à la demande expresse du président, l'intérim du secrétariat général du RPR pendant trois semaines, comme on va à l'abattoir. Il n'a jamais été un juppéiste convaincu mais reste le plus fidèle soutien de Jacques Chirac.

JACQUES TOUBON — 56 ANS

En lui préférant Jean Tiberi pour lui succéder en 1995 à la mairie de Paris, Jacques Chirac a sans doute commis la première erreur de son septennat. Ex-secrétaire général du RPR, Jacques Toubon, qui travaille aux côtés du chef de l'Etat depuis 1968, demeure l'un de ses lieutenants les plus dévoués. Nommé garde des Sceaux au lendemain de la présidentielle, ce Niçois d'origine n'a pas eu un jour paisible dans son ministère. L'abondance des enquêtes touchant le financement du RPR l'a mis au martyre sans qu'il parvienne pour autant à bloquer les affaires concernant la mairie de Paris ou le conseil régional d'Ile-de-France. Sévèrement battu dans la capitale lors des législatives de 1997, il reste maire du XIIIe arrondissement de Paris. Et joue désormais le rôle de conseiller du président.

FRANÇOIS BAROIN — 32 ANS

Député de l'Aube à 27 ans, secrétaire d'Etat à 29, maire de Troyes à 30, cet ancien journaliste a signé un démarrage tonitruant en politique, protégé par Jacques Chirac. Après un passage à vide alors qu'Alain Juppé régentait Matignon, il a retrouvé sans difficulté son siège de député de l'Aube en 1997. Disposant toujours de la confiance du chef de l'Etat, il reste un des conseillers influents de l'Elysée.

CHRISTINE ALBANEL — 42 ANS

Le président de la République doit beaucoup à cette séduisante agrégée de lettres modernes, qui le conseille pour l'éducation, l'audiovisuel et la culture depuis 1982. C'est elle qui a écrit quelques-uns de ses plus beaux discours, notamment celui prononcé le 16 juillet 1995 à l'occasion du 53e anniversaire de la rafle du Vél' d'Hiv', dans lequel il a reconnu la responsabilité de l'Etat français dans la déportation de juifs vers l'Allemagne, lors de la Seconde Guerre mondiale. C'est elle encore qui a rédigé le fameux éloge funèbre de François Mitterrand. Indépendante, elle s'est opposée sans succès à l'autoritarisme d'un Dominique de Villepin.

MAURICE ULRICH — 72 ANS

Malgré sa légendaire « sagesse », Ulrich fut favorable à la dissolution de l'Assemblée nationale, en 1997. De sept ans l'aîné de Jacques Chirac, ce compagnon fidèle conserve néanmoins son influence. Vieux routier de l'Afrique occidentale française (AOF), ex-directeur de cabinet d'Olivier Guichard, PDG d'Antenne 2 avant 1981, directeur du cabinet de Jacques Chirac à Matignon entre 1986 et 1988, ce sénateur est depuis la disparition de Jacques Foccart l'un des derniers compagnons du chef de l'Etat qui ait travaillé avec le général de Gaulle.

JOSPIN ET SES AMIS

LIONEL JOSPIN — 60 ANS

Candidat surprise du PS à l'élection présidentielle de 1995, Lionel Jospin a réussi l'exploit de ramener la gauche au pouvoir en deux ans. Servi par les erreurs de la droite, cet énarque militant qui a fait l'essentiel de sa carrière au PS après des débuts dans l'administration centrale du quai d'Orsay a su développer trois axes forts tout au long de sa campagne : eurovigilance, volontarisme économique et retour de la moralité. Allié aux Verts et aux communistes au sein de son gouvernement, ce fin connaisseur des appareils (il a dirigé le PS entre 1981 et 1988), a su tenir ses troupes jusqu'à la victoire. Et inaugure ainsi une nouvelle version de la cohabitation : président de droite, premier ministre de gauche.

CLAUDE ALLÈGRE — 60 ANS

Ami de Lionel Jospin depuis 40 ans, ce géologue de réputation internationale reste le plus influent des conseillers du premier ministre. Ce qui ne signifie pas que Lionel Jospin accepte tout de son compagnon de tennis favori. Ainsi, en 1995, Jospin n'a-t-il pas écouté Allègre qui lui déconseillait de revenir à la tête du Parti socialiste. Bien lui en a pris : ce fut la première étape de son retour au pouvoir. Connu — et parfois redouté — des syndicats enseignants depuis 1988, ex-conseiller spécial de Lionel Jospin ministre de l'Education entre 1988 et 1992, Claude Allègre a logiquement hérité de ce ministère en 1997, pour lequel il professe des idées très personnelles. Il est membre de l'Académie américaine des sciences des Etats-Unis.

DOMINIQUE STRAUSS-KAHN — 48 ANS

Père du programme économique du Parti socialiste, cet HEC passé par Sciences Po a fait mouche auprès des Français en proposant en 1997 la création de 700 000 emplois pour les jeunes et le passage progressif aux 35 heures payées 39. Maire de Sarcelles, réélu député PS du Val-d'Oise en 1997, il s'est vu confier un super-ministère de l'Economie, des Finances et de l'Industrie, équivalent à celui détenu par Pierre Bérégovoy entre 1992 et 1993. Son épouse, Anne Sinclair, a renoncé, après sa nomination, à présenter l'émission politique phare des treize dernières années : *7 sur 7* (TF1).

DANIEL VAILLANT — 48 ANS

L'homme des missions délicates. Chargé de préparer les législatives au lendemain de la présidentielle de 1995, il a su écarter en douceur les vétérans du PS au profit de candidates et de candidats inconnus, contribuant ainsi de façon déterminante au renouvellement des rangs de la gauche en 1997. Très offensif à Paris, où il a été élu maire du XVIIIe arrondissement en 1995 puis député en 1997, ce Nivernais d'origine, biologiste de formation, est parfois surnommé « le connétable » du PS. A la fois ami et fidèle de Lionel Jospin, il a dû s'effacer devant Jean-Pierre Chevènement qui a obtenu le ministère de l'Intérieur qu'il convoitait tant. Et s'est finalement rabattu sur celui des Relations avec le Parlement.

JEAN-CHRISTOPHE CAMBADÉLIS — 46 ANS

Ancien syndicaliste étudiant rompu aux négociations d'appareils, c'est lui qui a secondé Lionel Jospin dans les discussions avec les Verts et le Parti communiste, lors de la préparation des élections législatives. A Paris, sa campagne très dynamique qui consistait notamment à haranguer les passants, debout sur une caisse en bois, en pleine rue, lui a permis de revenir à l'Assemblée nationale en 1997. Compagnon de longue date de Lionel Jospin au sein du PS, conseiller de Paris et président du Manifeste contre le Front national, il n'a pourtant jamais convaincu Jospin de l'efficacité de sa stratégie de lutte contre l'extrême droite.

PIERRE MOSCOVICI — 40 ANS

Disciple et ami de Dominique Strauss-Kahn, « Mosco » s'est imposé dès 1986 parmi l'équipe des conseillers de Lionel Jospin. Parisien, énarque, issu d'une famille d'intellectuels renommés, il a beaucoup contribué à moderniser la présentation des idées du PS. A la recherche de l'onction du suffrage universel, il s'est arraché de la capitale en 1994 pour s'implanter dans le Doubs, où il a été élu député en 1997. Nommé ministre délégué, en charge des Affaires européennes, il s'occupe de l'un des dossiers chauds de la cohabitation.

LES ALLIÉS DE JOSPIN

ROBERT HUE — 51 ANS

Successeur de Georges Marchais au secrétariat général du PCF en 1994, Robert Hue a amené les communistes à participer au gouvernement. C'était la troisième fois depuis 1945 et le maire de Montigny-lès-Cormeilles a dû batailler contre l'aile conservatrice de son parti, hostile par principe à une alliance gouvernementale entre un PCF minoritaire et un PS majoritaire. Cette participation est pourtant la conséquence d'un accord électoral qui a permis au PC de stopper l'érosion de son électorat lors des législatives de 1997. Robert Hue, depuis trois ans, tente une relative modernisation de l'image du PCF, sans toutefois ouvrir la porte de la direction aux communistes rénovateurs.

DOMINIQUE VOYNET — 39 ANS

Première femme chef de parti en France, elle a emmené les écologistes à l'Assemblée nationale, en 1997. Partisane d'une alliance de sa formation, les Verts, avec les forces de la gauche et notamment le PS, elle a bataillé plusieurs années en interne contre son rival Antoine Waechter, qui préconisait une ligne « ni droite, ni gauche ». Conseillère municipale de Dole, sa ville natale, ce médecin anesthésiste, apprécié par les socialistes, a obtenu le ministère de l'Environnement et de l'Aménagement du territoire dans le gouvernement Jospin.

JEAN-PIERRE CHEVÈNEMENT — 58 ANS

Allié inflexible de François Mitterrand au sein du PS à partir de 1971, puis au sein des gouvernements de la gauche de 1981 à 1991, le turbulent Jean-Pierre Chevènement a signé un nouveau pacte avec Lionel Jospin en 1997. Car le chef du courant anti-maastrichtien à gauche, inlassable pourfendeur des excès de

Bruxelles et de l'influence grandissante de l'Allemagne, est d'abord un pragmatique en politique. En échange de quelques sièges de députés pour ses proches du Mouvement des citoyens (MDC) et d'un portefeuille important, le ministère de l'Intérieur, le maire de Belfort (depuis 1983) a accepté de rallier un gouvernement qui devra gérer la mise en place de la monnaie unique européenne...

LE CLAN JUPPÉ

ALAIN JUPPÉ — 52 ANS

Bardé de diplômes (agrégation de lettres, Normale Sup, Sciences Po, Ena), Alain Juppé fascine très tôt Jacques Chirac par son intelligence. Après l'avoir nommé directeur des finances de la Ville de Paris en 1980, Chirac lui offrira successivement un siège au conseil de Paris (1983), une place de député européen (1984), un portefeuille de ministre délégué au Budget (1986-1988), un siège de député de Paris (1986), le secrétariat général (1988) puis la présidence du RPR et enfin un poste de premier ministre en 1995. Premier leader de la droite de sa génération à ce poste, Alain Juppé n'a pourtant pas évité la débâcle électorale, deux ans plus tard. Jugé courageux et droit, il cultive une raideur désagréable, trop souvent interprétée comme du mépris pour les autres. Remplacé par Philippe Séguin à la tête du RPR en 1997, il compte sur le temps qui efface tout et sur la mairie de Bordeaux pour revenir au premier plan.

DOMINIQUE DE VILLEPIN — 44 ANS

Théoricien du « pouvoir partagé » entre Alain Juppé et Jacques Chirac, partisan déclaré de la dissolution de l'Assemblée en 1997, cet élégant diplomate passé par l'Ena s'est créé beaucoup d'ennemis au poste de secrétaire général de l'Elysée, qu'il occupe depuis 1995. Très exigeant avec les autres, on lui a souvent reproché son autoritarisme et son avidité de pouvoir. Fils de sénateur, amateur de poésie, il conserve officiellement la confiance du chef de l'Etat, qui apprécie sa croisade en faveur d'une vision exaltée de la France malgré l'échec des législatives. Mais possède tant d'adversaires (il agace même Bernadette Chirac) que les plus fidèles des chiraquiens parient sur sa perte d'influence.

MAURICE GOURDAULT-MONTAGNE — 45 ANS

Avec Dominique de Villepin et Patrick Stefanini, ce haut fonctionnaire venu du quai d'Orsay formait la « garde de fer » d'Alain Juppé premier ministre. Diplômé de Sciences Po, théoricien de « la réforme de structure » qui devait changer l'organisation de l'Etat, concepteur de la refonte de la Sécurité sociale, il avait également envisagé de faire « éclater » la citadelle du ministère de l'Economie, à Bercy. Mais l'échec de son dernier projet, la dissolution de l'Assemblée nationale, lui a coûté son fauteuil de directeur de cabinet du premier ministre.

PATRICK STEFANINI — 44 ANS

En deux ans, Patrick Stefanini a beaucoup perdu. Auréolé par la victoire présidentielle de Jacques Chirac dont il avait dirigé la campagne, cet énarque expert de la carte électorale du RPR n'a jamais obtenu le « baptême des urnes » dont il rêvait. Battu à Nice où il s'était parachuté lui-même lors des municipales de 1995, il n'a pas réussi, en 1997, à conserver à droite l'ancienne circonscription électorale d'Alain Juppé, dans le XVIIIe arrondissement de Paris. Courageux, il fut pourtant l'un des rares à affronter les militants, au soir du second tour de 1997. Alors même qu'il avait fait partie des rares conseillers qui s'opposèrent à la dissolution, jugeant l'aventure trop risquée.

AGATHE SANSON — 31 ANS

Simple attachée de presse au RPR, cette jeune Cherbourgeoise a été très tôt repérée par le secrétaire général du parti, un certain… Alain Juppé. Appelée dans son sillage au quai d'Orsay (1993-1995), puis à Matignon, Agathe Sanson s'est chaque fois imposée comme patronne incontestée de son service de presse, voire comme une conseillère écoutée, ce qui est rare pour une chargée de communication. Fine et intelligente, c'est elle qui a suggéré en 1995 les noms de certains ministres comme celui de Philippe Douste-Blazy pour le ministère de la Culture. Conservant d'excellentes relations avec Claude Chirac qui l'a fait venir à l'Elysée en juillet 1997, elle reste très proche d'Alain Juppé.

LEADERS DE DROITE, LEADERS DE GAUCHE

PHILIPPE SÉGUIN — 54 ANS

Adversaire déclaré d'Alain Juppé au sein du RPR, l'ancien président de l'Assemblée nationale a parié dès 1995 sur l'échec de la politique de l'ancien premier ministre. Appelé en renfort par l'Elysée, au soir du premier tour de l'élection législative de 1997, le maire d'Epinal a vu ses chances s'envoler au soir du second tour avec la victoire de la gauche. Il a néanmoins profité de cette défaite pour arracher à Juppé la direction du RPR. Contre l'avis du chef de l'Etat. Séguin et Chirac entretiennent en effet des relations complexes, faites d'un mélange d'affection et de mépris, d'alliances et de trahisons. Et toute la droite regarde déjà avec gourmandise cette cohabitation dans la cohabitation.

FRANÇOIS BAYROU — 46 ANS

De cet agrégé de lettres classiques, Nicolas Sarkozy déclare déjà en privé : « Il sera mon principal adversaire sur la route de l'Elysée. » Bayrou est en effet l'un des rares responsables politiques de droite à avoir effectué un parcours quasi sans faute. Ministre de l'Education de 1993 à 1997, il a profité de sa position pour transformer le vieux CDS en un parti moderne et ambitieux : Force démocrate. Résultat, ce centriste est aujourd'hui le seul quadra qui, à droite, dispose d'un appareil politique puissant pour servir ses ambitions. L'échec de la droite, paradoxalement, le sert. Car il parie déjà beaucoup sur une « droitisation » du RPR pour renforcer son leadership au centre. Il voit cependant d'un mauvais œil l'arrivée de Philippe Séguin à la tête du RPR, se découvrant ainsi un nouveau rival pour la présidentielle.

NICOLAS SARKOZY — 43 ANS

Balayé par la défaite d'Edouard Balladur à l'élection présidentielle de 1995, Nicolas Sarkozy comptait beaucoup sur Alain Juppé pour l'aider à surmonter la rancune de Jacques Chirac. Encouragé discrètement par de grands patrons tels que Bernard Arnaud (LVMH), Jean-Luc Lagardère (Hachette) ou encore le conseiller en image Jacques Pilhan, l'ancien ministre du Budget, souvent présenté comme le meilleur de sa génération à droite, était presque parvenu à ses fins lorsque la déroute de 1997 l'a renvoyé dans l'opposition. N'ayant en aucune façon renoncé à son ambition, le maire de Neuilly compte bien s'imposer comme le vrai numéro deux du RPR, aux côtés de son nouvel allié, le président Séguin.

ALAIN MADELIN — 51 ANS

Trente années de bagarres politiques et trois portefeuilles ministériels entre 1986 et 1995 n'ont pas arrondi les angles de son caractère. Pour beaucoup, ce libéral au physique d'acteur américain reste imprévisible. Alain Juppé, qui le jugeait dangereux, a fini par le renvoyer du ministère de l'Economie en 1995. Au lendemain de l'échec de la droite, en juin 1997, François Léotard lui a cependant laissé sa place à la tête du Parti républicain. Pour la première fois, il dispose donc d'un appareil politique, étape obligée sur la route de futures conquêtes. Mais, déjà, se profile une partie difficile à jouer contre François Bayrou pour conquérir le leadership au sein de l'UDF. Madelin est également concurrencé par Nicolas Sarkozy, qui convoite son fonds de commerce libéral.

FRANÇOIS LÉOTARD — 55 ANS

Ayant subi une lourde opération cardiaque, accablé par la défaite d'Edouard Balladur en 1995, François Léotard a très mal vécu les lendemains de la victoire présidentielle de Jacques Chirac. La suite des événements a achevé de le fragiliser. Malgré son élection en 1996 à la présidence de l'UDF, le maire de Fréjus a toutes les chances de payer au prix fort la défaite de 1997 et son soutien accordé à Alain Juppé. Il a déjà dû laisser la présidence du PR à Madelin et doute lui-même de pouvoir se maintenir longtemps à la tête de l'UDF.

LAURENT FABIUS — 51 ANS

Ex-premier ministre de François Mitterrand, Laurent Fabius a assisté, plus qu'il ne l'a favorisée, à l'ascension de Lionel Jospin vers Matignon. Hostile à la féminisation des candidatures au PS, incrédule quant à l'avenir de « Lionel », il n'a pas vu venir la victoire de la gauche en 1997. Tenu à l'écart de la composition du gouvernement, il a cependant fait valoir son poids au sein du Parti socialiste pour décrocher la présidence de l'Assemblée nationale et placer ses amis aux présidences des principales commissions.

MARTINE AUBRY — 47 ANS

De son père, Jacques Delors, elle a hérité la conviction que l'économie ne doit pas être administrée par l'Etat. Mais son éducation chrétienne la porte naturellement sur terrain social. Ce cocktail original l'a conduite à entretenir de bons rapports avec des personnalités telles que l'homme d'affaires libéral Marc Ladreit de Lacharrière et même avec... Jacques Chirac. Ses relations avec Lionel Jospin sont plus complexes, mélange de respect pour le leader de la gauche et de rivalité. Présidente de la fondation Agir contre l'exclusion, première adjointe de Pierre Mauroy à Lille où elle a été élue député en 1997, Martine Aubry s'est fait une spécialité des problèmes d'emploi. Elle a été nommée ministre des Affaires sociales.

LES AUTORITÉS

RENÉ MONORY — 74 ANS

Après s'être beaucoup plaint d'être ignoré par Alain Juppé premier ministre, le président du Sénat compte sur la cohabitation pour regagner de l'influence au sommet de l'Etat. Dans cet exercice, son principal atout sera sa modération. Son principal adversaire… son âge.

ÉDOUARD BALLADUR — 68 ANS

En 1995, Edouard Balladur a froidement jugé que Jacques Chirac n'avait pas le niveau requis pour être président de la République. L'ancien conseiller du président Pompidou s'est donc présenté contre le président du RPR et a perdu, de justesse. Depuis, Chirac n'a jamais voulu la réconciliation. Balladur, lui, n'a jamais abdiqué. Entre eux, la rupture est totale. Tenace, Edouard Balladur a vainement espéré reconquérir Matignon en cas de victoire de la droite, en 1997. Rejeté dans le camp des perdants, l'esprit de sa « méthode » reste néanmoins défendu par ses anciens partisans.

JACQUES DELORS — 72 ANS

Delors garde l'image mythique de celui qui aurait pu battre Chirac à la présidentielle de 1995, ce qui ne sera jamais vérifié puisque l'ex-président de la Commission européenne a renoncé à se porter candidat. Bon nombre de ses fidèles, dont sa fille

Martine Aubry, sont cependant aujourd'hui dans les rangs du pouvoir. Défendant une certaine vision sociale et chrétienne de la société, il fait toujours figure de caution européenne de la gauche.

CHARLES PASQUA — 70 ANS

Au lendemain de la présidentielle, on l'a cru mort politiquement. Tenu pour un des grands responsables de l'échec de Balladur, « Charlie » portait la poisse, disait-on. Pendant deux ans, il n'a pas réussi à retrouver son audience d'antan. Mais la défaite de la droite en 1997 lui redonne une chance d'exister. D'abord parce que son compère, Philippe Séguin, tient les rênes du pouvoir au RPR. Ensuite parce que le poids du Front national le remet, croit-il, en selle. Partisan de l'instillation d'une dose de proportionnelle dans le scrutin majoritaire, gage de bonne volonté à l'égard du FN, il ne cache pas que la droite devra discuter avec le parti de Jean-Marie Le Pen afin ne pas se faire étriller par lui aux élections.

REMERCIEMENTS

Voilà plusieurs années que nous enquêtons sur Jacques Chirac, mais aussi sur tous ceux qui l'entourent ou le combattent. Nous avons vu ces hommes et femmes vivre les épisodes qui sont racontés dans ce livre. Nous les avons entendus, aussi, reconstruire le passé.
Plusieurs d'entre eux ont bien voulu nous consacrer de longs entretiens, tout spécialement pour cette enquête. Nous voulons ici les remercier.

William Abitbol, Christine Albanel, François d'Aubert, François Baroin, François Bayrou, Jérôme Bédier, Frédérique Beyre, Jérôme Bignon, Marc Blondel, Franck Borotra, Hervé de Charette, Bernadette Chirac, Catherine Colonna, Jean-François Copé, Jean-Louis Debré, Philippe Douste-Blazy, Guy Drut, François Fillon, Hervé Gaymard, Laurent Glépin, Maurice Gourdault-Montagne, Elisabeth Hubert, Alain Lamassoure, Anne Lauvergeon, François Léotard, Jean-Frédéric de Leusse, Alain Madelin, Jean-François Mancel, Pierre Mazeaud, Charles Millon, Jérôme Monod, René Monory, Françoise de Panafieu, Dominique Perben, Jean-Jacques de Peretti, Michel Péricard, Jérôme Peyrat, Jacques Pilhan, Bernard Pons, Jean-François Probst, Jean-Pierre Raffarin, Eric Raoult, Roger Romani, Frédéric de Saint-Sernin, Agathe Sanson, Nicolas Sarkozy, Patrick Stefanini, Jean Tiberi, Jacques Toubon, Philippe Vasseur, Dominique de Villepin.

Nous voulons également remercier trois de nos confrères, Jean-Michel Aphatie, Serge Faubert et Michel Soudais, qui ont bien voulu confronter une partie de notre enquête à leurs analyses. Leurs conseils nous ont été précieux.

Enfin, nous remercions nos éditeurs, Françoise Verny, Manuel Carcassonne et Christophe Bataille de nous avoir toujours conservé leur confiance. Même dans les plus périlleux retournements de situation…

TABLE

Cet ouvrage a été composé
*par l'***Imprimerie Bussière**
et imprimé sur Presse Cameron
dans les ateliers
de **Bussière Camedan Imprimeries**
à Saint-Amand-Montrond (Cher)
en août 1997
pour le compte des éditions Grasset
61, rue des Saints-Pères, 75006 Paris

N° d'édition : 10444. N° d'impression : 1448-4/672.
Dépôt légal : août 1997
Imprimé en France
ISBN : 2-246-52421-0